한 권 으로 끝내는 미드저니

EDUWAY
에듀웨이

한권으로끝내는미드저니

2025년 4월 10일 1판 1쇄 인쇄
2025년 4월 20일 1판 1쇄 발행

지 은 이 | 민자경

펴 낸 곳 | (주)에듀웨이
주   소 | 경기도 부천시 소향로13번길 28-14, 8층 808호(상동, 맘모스타워)
대표전화 | 032) 329-8703
팩   스 | 032) 329-8704
등   록 | 제387-2013-000026호
홈페이지 | www.eduway.net

북디자인 | 앤미디어
인   쇄 | 미래피앤피
제   본 | 에스엠북

ISBN   979-11-94328-17-9

생성형 AI의 기본, 미드저니

AI 기술의 발전은 우리가 상상할 수 있는 것 이상의 변화를 가져왔습니다. 특히, 이미지 생성형 AI는 그 중에서도 가장 빠르게 발전하며, 창의적인 작업의 패러다임을 근본적으로 바꾸고 있습니다. 그중에서도 미드저니는 이미지 생성의 혁신적인 도구로 자리매김하며, 수많은 창작자에게 큰 영향을 끼쳤습니다. 본 책은 미드저니를 활용한 이미지 생성의 기본부터 고급 기능까지, 여러분이 원하는 스타일과 품질의 이미지를 손쉽게 만들 수 있도록 도와주기 위해 집필되었습니다.

미드저니는 AI가 생성하는 이미지의 퀄리티와 창의성에서 타의 추종을 불허하는 수준에 도달했습니다. 이는 이미지 제작의 접근 방식을 근본적으로 바꾸며, 이제는 전문가뿐만 아니라 일반 사용자도 AI를 통해 자신의 창의성을 실현할 기회를 얻게 되었습니다. 복잡한 디자인 작업을 하거나, 새로운 아이디어를 시각적으로 표현하고자 할 때, 미드저니는 빠르고 직관적인 방식으로 우리의 상상력을 현실로 만들어 줍니다.

하지만 미드저니의 진가는 단순히 이미지를 만드는 데에만 그치지 않습니다. 이 도구는 영상 제작의 기초가 되는 소스, 즉 콘셉트 아트, 배경, 캐릭터 디자인, 그리고 색감 등을 손쉽게 생성할 수 있는 강력한 도구로 자리 잡고 있습니다. 이를 통해 영상 제작자, 게임 디자이너, 광고 크리에이터 등 다양한 분야의 전문가들이 빠르게 초기 아이디어를 시각화하고, 더 나아가 전체 프로젝트의 방향성을 잡는 데 큰 도움이 될 수 있습니다.

미드저니는 지속적인 업그레이드와 개선을 거듭하며, 점점 더 직관적이고 사용하기 쉬운 인터페이스를 제공하고 있습니다. 이 책은 미드저니의 기본적인 사용법을 이해하고, 고급 기능을 활용하는 방법까지 차근차근 소개함으로써, 독자들이 자신이 원하는 이미지를 효과적으로 생성할 수 있도록 도와주고자 합니다. 다양한 예제와 실습을 통해, 사용자들은 미드저니의 다양한 기능을 자연스럽게 익히고, 이를 바탕으로 창의적인 작업을 더욱 풍성하게 구현할 수 있을 것입니다.

그동안 이미지 편집이나 그래픽 디자인은 주로 전문가들만의 영역으로 여겨졌다면, 이제 미드저니는 누구나 손쉽게 고품질의 창작물을 만들어낼 수 있게 해주며, 창작의 문을 넓혀주고 있습니다. 미드저니를 통해 복잡한 작업을 간단하게 해결하고, 각자의 아이디어를 더욱 효율적인 방식으로 실현해 나갈 수 있을 것입니다.

민자경

Preview _미리보기

이미지 생성형 AI 도구인 미드저니를 누구나 쉽게 배울 수 있도록 5개의 파트와 34개의 챕터로 구성되어 있습니다.

◆ 생성형 AI 이론
AI 기능을 이용하여 이미지를 생성하기 위한 기본 개념부터 챗GPT와 미드저니까지 효율적인 툴킷을 소개합니다.

◆ 프롬프트 생성법
원하는 이미지 생성을 위해 꼭 알아야 할 생성형 이미지 프롬프트 작성법부터 다양한 카테고리의 이미지 생성 방법을 소개합니다.

◆ 미드저니 매뉴얼

미드저니를 사용하기 위해 다양한 옵션부터 파라미터 사용법까지 효율적으로 이미지 생성을 위한 방법을 알려줍니다.

◆ 예제 따라하기

미드저니를 이용하여 순서대로 따라하면서 학습할 수 있도록 매뉴얼과 작업 과정을 설명합니다.

Contents _목차

Part 02

이미지 생성을 위한
프롬프트 작성법

Part 03

이것만 알면 된다!
미드저니 핵심 기능

Part 04

작업 효율을 높이는
미드저니 기능

Part 05
정교한 이미지 생성을 위한
파라미터 사용하기

Part 01

생성형 AI를
이용한
**이미지
생성하기**

생성형 AI의 개념 이해하기

생성형 AI는 기존 데이터를 활용해 텍스트, 이미지, 음악 등 다양한 콘텐츠를 창출하는 기술입니다. 이 기술은 데이터에서 학습한 패턴을 재조합하여 독창적인 결과물을 만들어내며, 예술, 디자인, 광고 등에서 창작자의 상상력을 확장하는 중요한 역할을 합니다. 이번 챕터에서는 생성형 AI의 핵심 원리와 활용 가능성에 대해 살펴봅니다.

생성형 Generative AI는 주어진 데이터를 기반으로 전혀 새로운 콘텐츠를 생성하는 인공지능 기술을 의미합니다. 기존의 AI 기술이 주로 주어진 데이터를 분석하거나 예측하는 데 중점을 두었다면, 생성형 AI는 그 데이터를 바탕으로 완전히 새로운 결과물을 만들어내는 데 중점을 둡니다. 이는 텍스트, 이미지, 음악, 비디오 등 다양한 형태의 콘텐츠를 포함할 수 있으며, 최근에는 특히 이미지 생성에서 뛰어난 성과를 보이고 있습니다.

생성형 AI 기술의 핵심은 기존 데이터를 바탕으로 새로운 데이터를 창출하는 방식에 있습니다. 예를 들어, 이미지 생성 AI는 수많은 이미지를 학습해 그 안에서 색상, 형태, 구성, 패턴 등을 분석하고, 이를 바탕으로 실제로 존재하지 않는 새로운 이미지를 생성합니다. 이는 기본적으로 기존 데이터에서 패턴을 찾아내고, 그 패턴을 토대로 새로운 콘텐츠를 만들어내는 과정입니다. 이 과정에서 AI는 학습한 패턴들을 재조합하거나 변형해 예측 불가능하면서도 창의적인 결과물을 만들어냅니다.

생성형 AI는 전통적인 방식으로 인간이 직접 창작한 작품과 비슷한 방식으로 창작 과정을 진행하는 특성을 가지고 있습니다. 인간 창작자는 과거의 경험이나 배경 지식을 바탕으로 새로운 아이디어를 떠올리고, 이를 구체화하는 과정을 거칩니다. 마찬가지로 생성형 AI도 데이터에서 학습한 정보를 바탕으로 새로운 것을 창조하는데, 이는 마치 창작자의 아이디어를 형성하는 과정과 유사하다고 볼 수 있습니다.

이 기술이 주목받는 이유 중 하나는 생성형 AI가 기존에 존재하지 않던 독창적인 콘텐츠를 만들어낼 수 있기 때문입니다. AI가 생성하는 콘텐츠는 기존의 데이터에 의존하면서도 그 자체로 완전히 새로운 형식이나 스타일을 가질 수 있어 예술, 디자인, 광고 등 다양한 분야에서 인간 창작자의 상상력을 보완하고 확장하는 도구로 활용될 수 있습니다.

▲ 생성형 AI 기능으로 가상의 인물을 이용한 탄산수 광고 사진

1 | 학습 단계: 데이터의 패턴과 특성 파악

생성형 AI는 처음에 대규모 데이터셋을 통해 학습하는 과정을 거칩니다. 이 데이터셋은 생성하고자 하는 콘텐츠의 종류에 따라 다르게 구성됩니다. 예를 들어, 이미지 생성 AI는 이미지 데이터를, 음악 생성 AI는 음악 데이터를, 텍스트 생성 AI는 텍스트 데이터를 학습합니다. 데이터셋은 AI가 학습할 수 있도록 다양한 형태와 특징을 가진 데이터를 포함하며, 그 데이터셋의 질과 다양성은 AI의 학습 성능에 큰 영향을 미칩니다. 이미지 생성 AI의 경우 학습에 사용되는 데이터셋은 수많은 이미지들로 구성되어 있으며, 이 이미지들은 자연 풍경, 인물 사진, 추상적인 그림 등 다양한 스타일과 장르를 아우를 수 있습니다.

AI는 이 데이터를 분석하고, 이미지 내에서 나타나는 색상, 형태, 구성, 텍스트의 문법적 구조, 음악의 리듬 등 시각적, 청각적, 또는 언어적 요소들의 패턴을 학습합니다. 예를 들어, 이미지 생성 AI는 어떤 이미지에서 특정 색상이나 형태가 자주 나타나는지, 그 색상이나 형태가 어떻게 배치되어 있는지, 그리고 특정 요소들이 어떻게 상호 작용하는지에 대한 규칙을 파악합니다. 이렇게 학습된 정보는 AI가 실제로 새로운 이미지를 생성할 때 중요한 기준이 됩니다. 즉, AI는 데이터에서 발견된 규칙과 특성들을 바탕으로 새로운 콘텐츠를 창조하는 능력을 키웁니다.

학습 방식에는 두 가지 주요 접근 방식이 존재합니다. 첫 번째는 '지도 학습^{Supervised Learning}'입니다. 지도 학습에서는 학습 데이터에 대해 이미 정답이 제공됩니다. 예를 들어, 이미지를 생성하려는 경우 AI는 각 이미지에 대해 '이 이미지가 어떤 사물을 포함하고 있다'는 레이블^{Label}을 제공합니다. 이 레이블을 바탕으로 AI는 주어진 입력에 대해 적합한 출력^{이미지}을 생성하는 방법을 학습합니다. 지도 학습은 정답이 명확하게 주어지기 때문에 AI는 각 이미지나 데이터의 특징을 매우 세밀하게 학습할 수 있습니다.

두 번째는 '비지도 학습^{Unsupervised Learning}'입니다. 비지도 학습에서는 데이터에 대한 명시적인 레이블이 주어지지 않습니다. 대신 AI는 데이터 내에서 패턴이나 구조적 특성을 스스로 파악합니다. 예를 들어, 비지도 학습을 사용하는 이미지 생성 AI는 수많은 이미지를 통해 이미지 내에서 자주 나타나는 형태나 색상 패턴을 찾아내고 이를 바탕으로 새로운 이미지를 생성합니다. 이 방법은 AI가 더 창의적으로 데이터를 해석하고, 기존에 존재하지 않던 독특한 형태나 스타일을 만들어낼 수 있는 잠재력을 제공합니다.

AI가 이러한 학습 방식을 통해 데이터 내에서 패턴을 찾고, 그 패턴을 기반으로 새로운 콘텐츠를 창조하는 과정은 매우 중요합니다. 데이터가 가진 특성을 잘 파악할수록 AI는 더 정교하고 창의적인 이미지를 생성할 수 있습니다. 예를 들어, 특정 색상이나 스타일을 조합하거나, 특정 형태의 이미지가 다른 요소들과 결합되는 방식을 학습함으로써, AI는 예측 가능한 범위 내에서 매우 다양한 변형을 만들어낼 수 있습니다. 또한, 학습된 특성은 AI가 더 높은 수준의 창작을 할 수 있도록 도와줍니다.

이는 AI가 인간의 창작 과정에서 나타나는 상상력과 창의성을 일정 부분 모방하거나 보완할 수 있다는 점에서 중요한 의미를 가집니다. 이처럼 생성형 AI가 데이터를 통해 학습하는 과정은 단순히 정보를 수집하는 것을 넘어서 데이터 내의 복잡한 패턴을 이해하고, 이를 바탕으로 새로운 형태의 창작물을 만들어내는 중요한 기초 작업이 됩니다. 이 과정이 잘 이루어져야만 AI는 더욱 창의적이고 독창적인 콘텐츠를 생성할 수 있습니다.

2 | 이미지 생성 단계: 새로운 콘텐츠 창출

학습을 마친 생성형 AI는 이제 주어진 조건을 바탕으로 실제로 새로운 이미지를 창출하는 단계에 들어갑니다. 이 단계에서 AI는 이전에 학습한 데이터 내의 패턴과 특성들을 활용하여 주어진 입력값에 맞는 이미지를 생성합니다. 주어진 조건이 텍스트일 경우 AI는 이 텍스트를 정확하게 해석하고 그에 맞는 시각적 요소를 결합해 이미지를 만듭니다. 예를 들어, 사용자가 '푸른 하늘 아래 서 있는 노란색 자동차'라는 텍스트를 입력했다면, AI는 이 설명을 바탕으로 푸른 하늘과 노란색 자동차가 포함된 이미지를 생성합니다. 텍스트 외에도 다른 형태의 입력값이 제공될 수 있으며, AI는 그 입력값에 맞는 시각적 구성 요소들을 결합하여 새로운 콘텐츠를 만들어냅니다.

이미지 생성 과정은 기본적으로 두 가지 주요 방식으로 나눌 수 있습니다. 첫 번째 방식은 '랜덤 샘플링Random Sampling' 방식입니다. 이 방식은 AI가 무작위로 여러 요소를 결합하여 새로운 이미지를 생성하는 방법입니다. 랜덤 샘플링 방식에서 AI는 데이터셋에 기반한 특성들을 혼합하고 변형하여 새로운 조합을 만들어냅니다. 이 방식은 창의적이고 예측할 수 없는 결과물을 생성할 수 있는 장점이 있지만, 그 결과물이 항상 사용자의 의도와 일치하는 것은 아닙니다. 예를 들어, 'ㅇㅇㅇ'라는 텍스트가 주어졌을 때, 랜덤 샘플링 방식에서는 AI가 예측할 수 없는 다양한 변형을 시도해 여러 가지 이미지들을 만들어낼 수 있습니다. 이 과정은 종종 예술적이고 실험적인 이미지 생성에 적합합니다.

두 번째 방식은 '조건부 생성Conditional Generation' 방식입니다. 조건부 생성은 사용자가 제공한 특정 조건이나 요구 사항에 맞춰 이미지를 생성하는 방식입니다. 예를 들어, 사용자가 텍스트를 제공하거나 특정 스타일이나 테마를 지정하면 AI는 이를 정확하게 반영해 이미지를 생성합니다. 이 방식은 사용자 요구에 맞는 정확하고 일관된 이미지를 만드는 데 강점을 보입니다. 예를 들어, "푸른 하늘 아래 서 있는 노란색 자동차"라는 텍스트 설명을 주면, AI는 그 설명에 맞는 구체적인 요소들을 결합해 푸른 하늘과 노란색 자동차가 정확히 나타나는 이미지를 생성합니다. 또한, 스타일이나 테마가 제공되면 AI는 그 스타일에 맞는 색상, 구도, 형태 등을 적용하여 이미지를 생성할 수 있습니다. 예를 들어, "인상파 스타일의 노란색 자동차"라는 조건이 주어졌을 경우 AI는 인상파 화풍에 맞춰 이미지를 만들어내는 방식입니다.

이 두 방식은 서로 다른 특성과 장점을 가지고 있으며, 각기 다른 상황에서 효과적으로 활용됩니다. 랜덤 샘플링 방식은 AI가 기존 데이터 내에서 예측할 수 없는 창의적인 결과를 낼 수 있지만, 때로는 생성된 이미지가 원하는 결과와 다를 수 있습니다. 반면, 조건부 생성 방식은 더 구체적이고 예측 가능한 이미지를 생성할 수 있으며, 사용자가 원하는 스타일이나 특성을 정확히 반영할 수 있는 장점이 있습니다.

생성된 이미지는 종종 다양한 후처리 과정을 거쳐 더욱 정교해지거나 사용자의 요구에 맞춰 세부 조정이 이루어질 수 있습니다. 예를 들어, 색조나 배경을 조정하거나 일부 요소를 강조하는 등의 작업이 추가로 이뤄질 수 있습니다. 이 모든 과정은 생성형 AI가 데이터에서 학습한 패턴과 규칙을 바탕으로 새로운 창작물을 만들어내는 과정에서 핵심적인 역할을 합니다.

Yellow Car Standing Under Blue Sky

Yellow Car Standing Under Blue Sky, Impressionist Style

CHAPTER 02 생성형 AI의 활용 분야

생성형 AI는 예술, 디자인, 영화, 게임 산업 등에서 창의적 작업에 큰 영향을 미치고 있으며, 인간의
상상력을 보조하는 도구로 사용되고 있습니다. 이번 챕터에서는 생성형 AI가 각 분야에서 어떻게
활용되고 있는지와 창작 과정에 미친 변화를 확인합니다.

생성형 AI는 다양한 분야에서 혁신적인 변화를 일으키고 있으며, 특히 예술, 디자인, 영화,
게임 산업 등 창의적이고 시각적인 작업에 강력한 영향을 미치고 있습니다. 이 기술은 창작
과정에서 인간의 상상력을 보조하거나, 새로운 창작 방식을 제시하는 도구로서의 역할을 하
고 있습니다. 각 분야에서 어떻게 활용되고 있는지, 그리고 그로 인해 창작 과정이 어떻게
변화하고 있는지에 대해 더욱 자세히 살펴보겠습니다.

1 | 예술 분야에서의 창작 지원

예술 분야에서 생성형 AI는 작가와 디자이너들이 창작 아이디어를 구체화하거나 새로운 형
태의 예술 작품을 만들어내는 데 중요한 역할을 합니다. 예술가들은 AI의 도움을 받아 기존
아이디어를 실험적으로 확장하거나 새로운 스타일을 시도할 수 있습니다. 예를 들어, 그림을
그리는 예술가는 AI에게 특정 테마나 스타일을 기반으로 이미지를 생성하게 하고, 그 결과를
바탕으로 자신의 작품을 발전시킬 수 있습니다. 이 과정에서 AI는 예술가의 창의력을 지원하
는 도구로 작용하며, 작품의 시각적 스타일을 분석하고 조합해 새로운 형태의 창작물을 제시

합니다. 또한, 생성형 AI는 예술 작품의 경계를 확장할 수 있는 잠재력을 가지고 있어 인간의 창작에 새로운 영감을 제공하는 중요한 역할을 합니다.

AI가 창작하는 예술 작품은 기존의 전통적인 예술과는 다른 독특한 특성을 가지며, 이는 예술의 정의와 창작 과정에 대한 새로운 논의를 이끌어내기도 했습니다. AI가 생성한 예술이 인간의 감성과 어떻게 맞물리는지, 그리고 그 가치를 어떻게 평가할 것인지에 대한 다양한 탐구가 이루어지고 있습니다. 결과적으로 생성형 AI는 예술의 창작 방식을 더욱 다양화하고, 예술가가 실험적인 작업을 더욱 쉽게 시도할 수 있도록 돕고 있습니다.

▲ 생성형 AI 기능으로 실험적인 형태를 자유롭게 표현할 수 있다.

2 | 디자인 분야에서의 혁신

디자인 분야에서도 생성형 AI는 제품 디자인과 광고 제작 과정에서 매우 유용한 도구로 자리 잡고 있습니다. AI는 빠르게 프로토타입을 생성하고 다양한 스타일을 시도하는 데 중요한 역할을 합니다. 제품 디자인에서 AI는 제품의 형태, 색상, 재질 등을 기반으로 여러 디자인 옵션을 자동으로 생성하거나 기존 디자인을 변형하여 새로운 아이디어를 제시합니다. 이를 통해 디자이너는 여러 번의 수정을 거치지 않고도 다양한 디자인 시도를 빠르게 할 수 있으며, 더 창의적이고 실험적인 접근이 가능해집니다.

광고 디자인에서도 생성형 AI는 핵심적인 역할을 합니다. 광고 캠페인에서 사용될 이미지를 AI가 자동으로 생성하거나, 주어진 콘셉트에 맞는 시각적 요소를 결합하여 다양한 광고 시안을 빠르게 생성할 수 있습니다. AI는 소비자의 반응을 예측하고, 광고의 효율성을 극대화할 수 있는 비주얼 스타일을 제시하는 데에도 사용됩니다. 특히 다채로운 광고 캠페인에서 일관된 스타일을 유지하면서도 각기 다른 테마를 반영하는 데 유용한 도구로 활용될 수 있습니다.

3 | 영화 산업에서의 시각적 콘텐츠 제작

영화 산업에서도 생성형 AI는 시각적 콘텐츠 제작을 혁신적으로 변화시키고 있습니다. 영화 제작자들은 AI를 활용해 고유의 비주얼 스타일을 개발하거나 복잡한 시각적 요소들을 빠르게 제작할 수 있습니다. 예를 들어, AI는 영화 속 배경, 특수 효과, 캐릭터 디자인 등을 자동으로 생성할 수 있으며, 이를 통해 제작 시간을 크게 단축할 수 있습니다. 특히 대규모 시각적 효과가 필요한 영화에서는 AI의 역할이 더욱 두드러집니다. CGI컴퓨터 생성 이미지나 시각적 효과의 복잡성을 AI가 처리함으로써, 영화 제작자들은 더 많은 창의적인 공간을 확보하고, 고퀄리티의 시각적 결과물을 더 빠르게 생산할 수 있습니다.

AI는 또한 영화의 특정 장면을 자동으로 편집하거나, 장면 전환 효과를 생성하는 데에도 사용됩니다. 이는 영화 편집자가 손쉽게 다양한 편집 옵션을 실험하고, 원하는 스타일을 구현할 수 있게 도와줍니다. 영화 제작에서 AI의 도입은 생산성을 높이고, 예술적 표현의 범위를 넓히는 중요한 도구로 자리잡고 있습니다.

4 | 게임 산업에서의 콘텐츠 생성

게임 산업에서 생성형 AI는 새로운 캐릭터, 환경, 레벨 디자인 등을 생성하는 데 매우 중요한 역할을 합니다. AI는 게임 개발자들이 더 많은 콘텐츠를 빠르게 만들어낼 수 있도록 도와줍니다. 예를 들어, 게임의 캐릭터 디자인을 AI가 자동으로 생성하거나, 환경을 생성할 때 AI가 다양한 요소를 결합하여 새로운 맵이나 배경을 만들어낼 수 있습니다. 이를 통해 게임의 제작 기간을 단축시키고, 더 다양한 스타일과 테마를 실험할 수 있는 가능성을 열어줍니다.

▲ 생성형 AI가 인간의 동작 패턴을 인식하여, 동일한 주제로 다양한 형태로 이미지 생성이 가능하다.

또한, AI는 게임 내 NPC^{Non-Player Character} 행동을 예측하고 시뮬레이션하는 데에도 사용됩니다. 이를 통해 게임의 스토리라인에 맞는 행동 패턴을 자동으로 생성하거나 게임의 난이도를 동적으로 조정하는 등의 기능을 구현할 수 있습니다. 이와 같은 AI 기술은 게임 플레이의 몰입감을 높이고 더 풍부한 상호 작용을 가능하게 만듭니다.

생성형 AI는 예술, 디자인, 영화, 게임 등 창의적인 분야에서 기존의 창작 방식을 보완하고, 창작 과정을 혁신적으로 변화시키고 있습니다. 이러한 기술은 창작자에게 새로운 도구를 제공하며, 창의력의 한계를 확장할 수 있는 잠재력을 가지고 있습니다. 예술과 디자인 분야에서는 실험적인 접근을 가능하게 하고, 영화와 게임 산업에서는 생산성과 창의성을 동시에 향상시킬 수 있는 방법을 제시합니다. 결국 생성형 AI는 창작 과정에서 인간의 상상력을 보완하거나, 전혀 새로운 창작 방식의 길을 여는 중요한 기술로 자리잡고 있습니다.

▲ 1인칭 시점의 슈팅 게임 장면 구성

CHAPTER 03

생성형 AI를 활용하여 원하는 이미지 제작하기

이미지 검색으로는 원하는 스타일이나 구도를 찾는 것이 어려우며, 저작권 문제와 비용 부담이 큰 장애물이 될 수 있습니다. 생성형 AI를 활용하여 이러한 문제를 해결하고, 원하는 이미지를 자유롭게 제작해서 업무 효율성을 높이는 방법에 대해 살펴봅니다.

내용과 정확하게 일치하는 이미지를 찾는 것은 쉬운 일이 아닙니다. 기존의 이미지 검색을 통해 적절한 자료를 찾으려 해도 원하는 구도나 스타일을 만족하는 이미지를 발견하기 어려울 때가 많습니다. 또한, 저작권 문제로 인해 무분별한 사용이 제한되며, 상업적 용도로 사용하려면 유료 이미지 사이트에서 구매해야 하는데, 이는 상당한 비용이 발생할 수 있습니다.

이러한 문제를 해결하기 위해 생성형 AI^{Generative AI}를 활용하여 이미지를 직접 제작하는 방법이 점점 더 주목받고 있습니다. AI를 활용하면 원하는 주제와 스타일에 맞는 이미지를 자유롭게 생성할 수 있으며, 저작권 문제를 피하면서도 업무의 효율성을 높이는 데 큰 도움이 됩니다. 다음은 생성형 AI를 업무에 활용하여 이미지를 제작할 때 얻을 수 있는 주요 장점들입니다.

1 | 맞춤형 이미지 제작 가능

기존 이미지 검색 방식은 이미 존재하는 이미지 중에서 적절한 것을 찾아야 하는 방식입니다. 하지만 생성형 AI를 활용하면 보고서의 핵심 내용과 정확히 부합하는 맞춤형 이미지를 제작할 수 있습니다. 예를 들어, 특정 산업의 통계를 설명하는 인포그래픽이 필요하거나, 특정한 분위기를 담은 배경 이미지가 필요한 경우 AI를 통해 원하는 형태로 제작할 수 있습니다. 특히 브랜드 아이덴티티를 유지하거나 특정한 시각적 표현을 강조해야 할 때 AI 이미지 생성 기술은 매우 유용하게 활용될 수 있습니다. 단순히 텍스트 기반 보고서가 아닌, 시각적 요소를 적극적으로 활용한 보고서를 제작하면 가독성과 전달력이 더욱 향상됩니다.

▲ 생성형 AI 기능으로 제작한 기후 환경을 알려주는 인포그래픽 디자인

2 | 저작권 문제에서 자유롭게!

기존의 이미지 검색을 통해 얻은 사진이나 일러스트는 저작권 문제를 항상 신경 써야 합니다. 무료 이미지라고 해도 라이선스 조건을 확인해야 하며, 일부는 상업적 사용이 제한될 수도 있습니다.

하지만 생성형 AI로 직접 제작한 이미지는 사용자가 창작한 것으로 간주되기 때문에 저작권 문제로부터 자유로울 수 있습니다. 물론, AI 모델에 따라 생성된 이미지의 저작권 정책이 다를 수 있으므로 사용 중인 플랫폼의 이용 약관을 확인하는 것이 필요합니다. 하지만 일반적으로 직접 생성한 이미지는 보고서나 기타 업무에 안전하게 사용할 수 있어 저작권 문제에 대한 걱정을 덜 수 있습니다.

3 | 비용 절감

기존의 유료 이미지 서비스는 한 장당 몇 천 원에서 몇 만 원까지 비용이 발생하며, 정기 구독을 해야 하는 경우도 많습니다. 이와 같은 방식은 장기적으로 보면 상당한 비용 부담으로 이어질 수 있습니다.

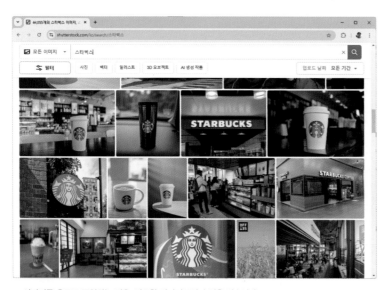

▲ 이미지를 유료로 구입하는 경우, 필요한 이미지로의 수정은 필수이다.

반면, AI 이미지 생성 도구를 활용하면 초기 도구 사용 비용만 부담하면 이후에는 추가 비용 없이 원하는 이미지를 지속적으로 생성할 수 있습니다. 특히 정기적으로 많은 이미지가 필요한 경우 AI를 활용하는 것이 비용 절감에 효과적입니다.

이러한 경제적 이점은 소규모 기업이나 프리랜서, 스타트업과 같이 비용을 절감하면서도 높은 퀄리티의 콘텐츠가 필요한 환경에서 더욱 빛을 발합니다.

4 | 업무 속도의 향상

보고서에 적절한 이미지를 삽입하기 위해 웹사이트를 검색하는 과정은 예상보다 많은 시간을 소모할 수 있습니다. 또한, 디자이너에게 요청하여 제작하는 경우에도 의뢰, 수정, 검토 과정이 반복되면서 시간이 오래 걸릴 수 있습니다.

그러나 AI를 활용하면 몇 초에서 몇 분 내로 원하는 이미지를 생성할 수 있기 때문에 업무 속도를 획기적으로 단축할 수 있습니다. 즉, 보고서 작업 시 빠르게 이미지를 확보하여 전체적인 작업 흐름을 개선할 수 있습니다. 특히 급하게 제출해야 하는 문서나 발표 자료가 있을 때 AI 이미지 생성 기능은 매우 유용한 도구가 될 수 있습니다.

5 | 다양한 스타일과 형식으로 활용

기존의 스톡 이미지 사이트에서 원하는 형태와 스타일을 찾기는 쉽지 않습니다. 예를 들어, 수채화 스타일, 3D 렌더링 스타일, 사이버펑크 테마 등 특정한 분위기를 원할 경우 기존의 이미지 검색으로는 한계가 있습니다.

하지만 생성형 AI는 사용자의 요청에 따라 특정 스타일을 적용하여 이미지를 생성할 수 있기 때문에 보고서의 분위기와 일관성을 유지하면서도 창의적인 표현을 할 수 있습니다. 이를 통해 문서의 시각적 효과를 극대화할 수 있으며, 전문적이고 세련된 느낌을 줄 수 있습니다.

▲ 인물을 제외한 상품 위주로 생성한 이미지

▲ 인물을 추가하여 생성한 이미지. 모델을 섭외하지 않아도 생성형 AI 기능으로 다양한 형태의 이미지를 제작할 수 있다.

6 | 이미지 수정 및 재생성 용이

기존의 스톡 이미지를 사용하면 특정 요소를 변경하거나 추가하는 것이 쉽지 않습니다. 원하는 색상을 변경하거나 특정 요소를 강조하는 등 맞춤형 수정이 필요할 때는 추가적인 편집 작업이 요구됩니다.

그러나 생성형 AI를 활용하면 원하는 요소를 추가하거나 제거하는 등 세부적인 커스터마이징이 가능하며, 필요에 따라 여러 번 재생성할 수도 있습니다. 이를 통해 보고서의 핵심 메시지를 더 효과적으로 전달할 수 있으며, 원하는 결과를 얻을 때까지 손쉽게 조정할 수 있습니다.

7 | 독창적이고 차별화된 콘텐츠 제작 가능

생성형 AI로 만든 이미지는 기존의 스톡 이미지와 달리 완전히 새로운 형태로 제작되므로 보고서나 발표 자료가 더욱 독창적인 디자인을 갖출 수 있습니다.

특히 기업의 브랜드 정체성을 반영한 시각적 콘텐츠를 제작하거나 경쟁사와 차별화된 자료를 만들 때 생성형 AI의 활용은 매우 유용합니다. 또한, 새로운 아이디어를 시각적으로 표현하는 과정에서도 창의적인 접근이 가능하기 때문에 비즈니스 프레젠테이션, 마케팅 자료, 연구 보고서 등 다양한 분야에서 활용될 수 있습니다.

생성형 AI를 활용한 이미지 제작은 보고서 작성 시 적절한 이미지를 찾기 어려운 문제를 해결할 뿐만 아니라 저작권 문제에서 자유롭고, 비용을 절감하며, 업무의 효율성을 높일 수 있는 강력한 도구입니다. 또한, 맞춤형 이미지 제작이 가능하고, 빠른 수정과 재생성이 용이하며, 다양한 스타일을 적용할 수 있어 창의적인 콘텐츠를 제작할 수 있습니다.

AI 기술이 발전함에 따라 이러한 활용도는 더욱 증가할 것으로 예상되며, 앞으로 업무 환경에서 필수적인 도구로 자리 잡을 가능성이 큽니다. 보고서뿐만 아니라 다양한 시각 자료가 필요한 업무에서 생성형 AI를 적극적으로 활용하면 더 효율적이고 창의적인 결과물을 얻을 수 있을 것입니다.

프롬프트

A male chef in his 20s dressed as a baker and wearing a hat, happy with bread in a modern cafe selling bread, hyperrealism that feels photographed by a photographer

제빵사 복장과 모자를 입은 20대 남성 요리사, 빵을 판매하는 모던한 카페에서 빵을 들고 행복한 모습, 포토그래퍼가 촬영한 느낌의 극사실주의

CHAPTER
04

이미지 생성을 위한 챗GPT 사용하기

챗GPT는 텍스트 기반 언어 모델로, 최근에는 이미지 생성 기능도 크게 발전했습니다. 텍스트 설명을 바탕으로 이미지를 생성할 수 있는 다양한 툴과 결합해 창의적이고 정교한 이미지 생성을 가능하게 만드는 기술을 살펴봅니다.

챗GPT^{Generative Pretrained Transformer}는 텍스트 기반 인공지능 언어 모델로, 주로 자연어 처리와 대화형 응답에 강점을 가진 모델입니다. 하지만 최근에는 GPT 모델을 기반으로 한 이미지 생성 기능도 강력한 발전을 보이고 있습니다. 특히 텍스트로 입력된 설명을 바탕으로 이미지를 생성할 수 있는 다양한 생성형 AI 툴과 결합하여 이미지 생성을 가능하게 만드는 기술을 제공합니다. GPT 모델의 창의적인 해석과 고급 언어 모델링을 활용해 주어진 텍스트를 정확하게 해석하고 그에 맞는 이미지를 만드는 방식은 다양한 산업에서 활발히 사용되고 있습니다.

챗GPT를 활용하여 AI 이미지 생성용 프롬프트를 작성하면 더욱 정교하고 명확한 지침을 AI 모델에 제공할 수 있습니다. AI 이미지 생성기는 입력된 프롬프트를 기반으로 이미지를 생성하는데, 프롬프트의 구체성과 창의성이 이미지의 퀄리티를 결정합니다. 미드저니^{Midjourney}, 스테이블 디퓨전^{Stable Diffusion}, 달리^{DALL-E} 등 다양한 AI 이미지 생성 도구가 있으며, 이들 모두 세밀한 프롬프트를 활용하면 더욱 정교하고 만족스러운 결과를 얻을 수 있습니다.

1 | 세밀하고 정밀한 표현 가능

챗GPT를 이용하면 원하는 스타일, 조명, 색감, 구도, 감정 등을 상세하게 포함한 프롬프트를 쉽게 작성할 수 있습니다. 예를 들어 "다양한 색상의 열기구"라는 단순한 프롬프트를 다음과 같은 프롬프트로 세부적으로 작성하여 디테일하게 이미지를 생성할 수 있는 프롬프트를 작성합니다.

프롬프트

A hot air balloon in various colors, with snow-capped mountains in the background, fashion campaign, product photography, realistic style, high-resolution, high-definition, high-quality.

다양한 색상의 열기구, 배경에는 눈 덮인 산맥, 패션 캠페인, 제품 사진, 사실적인 스타일, 고해상도, 고화질, 높은 퀄리티

A hot air balloon in various colors, with snow-capped mountains in the background, fashion campaign, product photography, realistic style, high-resolution, high-definition, high-quality.

다양한 색상의 열기구, 배경에는 눈 덮인 산맥, 패션 캠페인, 제품 사진, 사실적인 스타일, 고해상도, 고화질, 높은 퀄리티

2 | 스타일과 기술적 요소 반영

챗GPT를 활용하면 특정 예술 스타일과 기술적 요소를 더욱 세밀하게 조합하여 프롬프트에 추가할 수 있습니다. 예를 들어, 원하는 스타일을 르네상스 회화 스타일, 픽셀 아트, 초현실주의, 사이버펑크, 일본 전통 목판화(우키요에), 디즈니풍 애니메이션 등으로 명확히 지정할 수 있습니다. 이를 통해 미드저니(Midjourney), 스테이블 디퓨전(Stable Diffusion), 달리(DALL·E)와 같은 AI 모델이 더욱 정교한 스타일을 적용하여 이미지를 생성하도록 유도할 수 있습니다.

또한, 8K 해상도, 정밀한 디테일, 시네마틱 라이팅, 소프트 포커스, 광원 강조, 극사실적 텍

A hot air balloon in various colors, with snow-capped mountains in the background, a dazzling starry night sky, bold brushstrokes in the style of Van Gogh, Impressionist painting.

다양한 색상의 열기구, 배경에는 눈 덮인 산맥, 별이 빛나는 화려한 밤하늘, 반 고흐 스타일의 강렬한 붓터치, 인상주의 그림

스처, HDR 효과, 아날로그 필름 느낌 등과 같은 기술적 요소를 추가하면 이미지의 품질과 분위기를 더욱 극대화할 수 있습니다.

챗GPT는 다양한 미술사조와 그래픽 스타일을 학습했기 때문에 단순한 키워드뿐만 아니라 특정 화가(예: 렘브란트 스타일의 명암 대비, 반 고흐의 강렬한 붓터치), 카메라 렌즈 효과 (예: 광각 렌즈로 촬영한 듯한 느낌, 망원 렌즈로 피사체를 압축한 구도), 조명 스타일(예: 황혼의 부드러운 빛, 강렬한 네온 조명) 등을 세밀하게 묘사할 수 있습니다. 이를 활용하면 단순한 이미지 생성에서 벗어나 고유한 스타일과 분위기를 담은 맞춤형 비주얼을 연출할 수 있습니다.

3 | 프롬프트 테스트 및 개선 반복 가능

챗GPT를 활용하면 프롬프트를 지속적으로 수정하고 개선하여 최적의 결과를 얻을 수 있습니다. 예를 들어, 사용자가 '프롬프트를 더 디테일하게 만들어줘.' 또는 '더 감성적인 느낌을 추가해 줘.' 같은 요청을 하면, 챗GPT는 기존 프롬프트에 세부적인 요소를 추가하거나 감성적인 분위기를 강조하여 새로운 버전을 생성할 수 있습니다.

또한, 스타일을 변경하거나 특정 요소를 강조하는 방식으로 여러 버전의 프롬프트를 생성할 수 있습니다. 예를 들어, '좀 더 영화 같은 분위기로 만들어줘.', '따뜻하고 몽환적인 조명을 추가해줘.', '더 극사실적인 디테일을 넣어줘.' 같은 추가 요청을 통해 프롬프트를 점진적으로 발전시킬 수 있습니다.

`프롬프트`

A hot air balloon in various colors, with snow-capped mountains in the background, a dazzling starry night sky, bold brushstrokes in the style of Van Gogh, Impressionist painting.

다양한 색상의 열기구, 배경에는 눈 덮인 산맥, 화려한 별이 빛나는 밤하늘, 반 고흐 스타일의 강렬한 붓터치, 인상주의 그림. 강렬한 컬러감과 붓터치

이러한 반복적인 테스트와 개선 과정을 거치면 AI 이미지 생성 도구가 원하는 스타일과 분위기를 더욱 정확하게 반영할 수 있도록 유도할 수 있으며, 최종적으로 가장 완벽한 프롬프트를 찾아낼 수 있는 효율적인 작업 흐름을 만들 수 있습니다.

4 | 언어적 최적화와 영어 번역

챗GPT를 활용하면 AI 이미지 생성 도구가 이해하기 쉬운 문장 구조로 프롬프트를 정리할 수 있어 이미지의 퀄리티가 더욱 향상됩니다. AI는 주어진 프롬프트를 효율적으로 해석하고 이를 바탕으로 이미지를 생성하므로, 문장이 지나치게 복잡하거나 불필요한 단어가 포함되어 있으면 의도한 결과와 차이가 생길 수 있습니다. 챗GPT는 불필요한 단어를 제거하고 핵심 요소를 강조하여 더욱 직관적이고 명확한 프롬프트를 만들어줍니다.

예를 들어, '하늘은 파랗고, 구름이 흩어져 있는 풍경' 대신 '맑은 하늘과 흩어진 구름'이라는 간결하고 핵심적인 표현을 사용함으로써 AI가 더욱 쉽게 이미지의 핵심 요소를 파악할 수 있습니다.

영어 최적화 측면에서도 챗GPT는 매우 유용합니다. 대부분의 AI 이미지 생성 도구는 영어를 기본 언어로 처리하기 때문에 프롬프트를 영어로 최적화하면 더욱 정확하고 정교한 결과를 얻을 수 있습니다. 또한, '이 프롬프트를 자연스러운 영어로 번역해줘.'라고 요청하면 AI가 문법적이면서도 표현적으로 자연스러운 영어로 변환하여 영어로 된 프롬프트가 AI에 의해 더 잘 이해되도록 도와줍니다.

챗GPT는 문화적 맥락과 언어적 뉘앙스까지 고려하여 더욱 세련된 번역본을 제공할 수 있기 때문에 단순한 번역을 넘어 원하는 스타일이나 분위기를 정확히 반영하는 표현으로 변환할 수 있습니다. 예를 들어, '따뜻하고 부드러운 빛이 비추는 장면'을 영어로 번역할 때 'a scene bathed in warm, soft light'와 같이 표현을 최적화해 AI가 더욱 정확하게 이미지를 생성하도록 유도할 수 있습니다. 이러한 방식으로 프롬프트를 자연스럽고 효과적인 영어로 변환하면 더욱 높은 퀄리티의 이미지를 생성할 수 있는 가능성이 커지며, 원하는 비주얼을 더 잘 구현할 수 있습니다.

5 | 다양한 창작 실험 가능

챗GPT는 다양한 예술적 방향성을 제시해 사용자가 기존에 생각하지 못한 창의적이고 독창적인 프롬프트 아이디어를 발견할 수 있도록 도와주며, 기존의 상상력에 한계를 두지 않고 새로운 스타일이나 장르를 실험할 수 있는 기회를 제공합니다. 예를 들어, 일반적인 풍경을 묘사한 프롬프트에 '고딕', '미니멀리즘', '몽환적 분위기' 등의 스타일을 추가하면 기존의 단순한 이미지가 완전히 다른 분위기와 해석으로 바뀔 수 있습니다.

또한, 장르적 요소나 문화적 배경을 추가해 더 다채롭고 풍부한 이미지를 만들 수 있습니다. 예를 들어, '조용한 도서관의 아침'이라는 간단한 설정에 '판타지'를 결합하면 마법적인 존재들이나 기계적인 요소들이 포함된 독특한 숲의 풍경으로 확장될 수 있습니다. 이처럼 챗GPT는 사용자의 기본 아이디어를 바탕으로 새로운 스타일, 미학, 테마를 제안해 전혀 다른 결과물을 창조합니다.

뿐만 아니라 전통적인 예술 기법에서부디 현대직이고 니시널석인 접근법에 이르기까지 다양한 스타일을 결합하여 실험할 수 있습니다. '르네상스 회화 스타일의 도시 풍경', '디지털 아트로 그린 자연 풍경', '일본 애니메이션 스타일의 미래 도시'와 같이 서로 다른 예술적 전통을 하나로 융합해 새로운 시각적 경험을 창조할 수 있습니다.

챗GPT는 이와 같은 창의적인 실험을 통해 사용자가 새로운 아이디어와 접근법을 쉽게 탐색하도록 돕습니다. 이는 단순히 기존의 아이디어를 발전시키는 것에 그치지 않고, 예술적 표현의 경계를 넓히고 상상력의 한계를 넘어서도록 유도하는 방식으로 활용됩니다. 챗GPT를 활용하면 AI 이미지 생성에 필요한 프롬프트를 더욱 정교하게 다듬고 최적화할 수 있습니다. 원하는 분위기와 디테일을 명확하게 표현함으로써 더욱 높은 퀄리티의 이미지를 생성할 수 있으며, 반복적인 테스트와 개선 과정을 통해 완성도를 극대화할 수 있습니다.

조용한 도서관의 아침

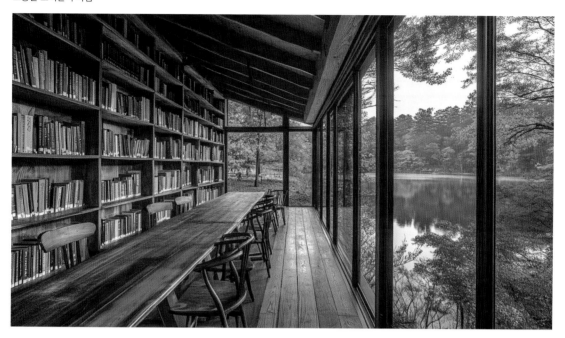

판타지 분위기의 도서관

6 | 챗GPT 사용 시 장점과 제한 사항

챗GPT를 이용한 이미지 생성은 텍스트 설명만으로 신속하게 이미지를 생성할 수 있는 강력한 도구입니다. 가장 큰 장점은 창의성과 다양성입니다. 주어진 텍스트에 맞는 이미지를 빠르게 생성하고, 다양한 스타일과 테마를 자유자재로 반영할 수 있다는 점이 매우 유용합니다. 특히 시간 절약과 효율성 측면에서 큰 장점을 가지고 있습니다.

하지만 챗GPT를 이용한 이미지 생성에는 몇 가지 제한 사항이 존재할 수 있습니다. 첫째, 생성된 이미지가 항상 고해상도나 세부적으로 완벽한 품질을 보장하는 것은 아닙니다. 둘째, 이미지가 창의적이고 독창적이지만 때때로 텍스트 설명을 과도하게 해석하여 예상과 다른 결과를 생성할 수 있습니다. 셋째, 복잡하고 세밀한 디테일을 요구하는 경우 AI가 이를 정확하게 구현하는 데 어려움이 있을 수 있습니다.

챗GPT를 활용한 이미지 생성은 창의적인 작업을 빠르고 효율적으로 진행할 수 있도록 돕는 강력한 도구입니다. 텍스트 설명을 비탕으로 다양한 스타일과 주세에 맞는 이미지를 신속하게 생성할 수 있어 디지털 아트, 게임 디자인, 광고 제작, 소셜 미디어 콘텐츠 등 여러 분야에서 유용하게 활용됩니다. 이를 통해 창작 과정의 혁신을 촉진하고, 시간 절약과 효율성을 극대화하는 데 중요한 역할을 하고 있습니다.

CHAPTER
05

어떤 생성형 AI 이미지 툴킷을 사용할까?

이미지를 준비하는 데 드는 시간과 비용, 저작권 문제를 해결하려면 생성형 AI 이미지 툴킷을 활용하는 것이 효과적입니다. 다양한 AI 기반 이미지 생성 도구의 특성과 활용 방식을 살펴봅니다.

업무에서 필요한 이미지를 준비하는 과정은 시간이 많이 들고, 원하는 스타일과 완벽하게 일치하는 이미지를 찾기가 어렵습니다. 또한, 저작권 문제와 비용 문제도 고려해야 합니다. 이러한 문제를 해결하기 위해 생성형 AI 이미지 툴킷을 활용하면 빠르고 효과적으로 맞춤형 이미지를 제작할 수 있습니다.

현재 AI 기반 이미지 생성 도구는 여러 종류가 있으며, 각각의 툴킷은 고유한 강점과 활용 방식이 있습니다.

1 │ 창의적인 이미지 제작에 강력한 AI 툴, 미드저니

미드저니Midjourney는 생성형 AI 이미지 툴 중에서도 뛰어난 예술적 감각과 감성적인 스타일을 반영하는 능력이 강력한 도구로 평가받고 있습니다. 특히 초현실적인 분위기나 독창적인 일러스트 스타일, 판타지풍 이미지 생성에 강점을 가지고 있어, 단순한 사진보다는 창의적이고 개성이 뚜렷한 이미지가 필요한 작업에서 매우 효과적으로 활용할 수 있습니다. 이 툴은 디스코드^{Discord} 기반으로 동작하며, 사용자는 디스코드 내에서 특정 명령어를 입력하고 텍스트 프롬프트를 작성하는 방식으로 이미지를 생성할 수 있습니다. 즉, 별도의 복잡한 프로그램을 설치할 필요 없이 간단한 텍스트 입력만으로 원하는 스타일의 이미지를 신속하게 제작할 수 있다는 점이 큰 장점입니다.

미드저니의 핵심 기능은 사용자가 입력하는 텍스트 프롬프트를 바탕으로 이미지를 생성하는 방식입니다. 이 툴은 스타일에 큰 중점을 두고 있어 텍스트에 나타난 요청 사항을 단순히 시각화하는 것뿐만 아니라 예술적 표현을 강조한 이미지를 생성합니다. 예를 들어, 사용자가 '서양 중세 시대 스타일의 용'이라고 입력하면 미드저니는 중세 시대의 고유한 미술적 요소들 (예: 고딕 건축, 고풍스러운 색상과 질감)을 반영하여 그 시기의 예술 스타일을 따르는 용의 이미지를 만들어냅니다.

또 다른 특징은 풍부한 색상과 세부적인 텍스처입니다. AI는 그림의 디테일을 풍부하게 만들고, 색상의 깊이를 강조하며, 텍스처를 세밀하게 표현합니다. 이러한 특성 덕분에 사용자들은 단순한 이미시를 넘어 예술적이고 독창적인 비주얼을 얻을 수 있습니다.

또한, 미드저니는 사용자가 프롬프트에 명시한 스타일을 충실히 반영하면서도 창의적인 변형을 가미할 수 있는 능력을 갖추고 있습니다. 예를 들어, '미래적인 도시 풍경'을 요구하면 AI는 고유의 스타일을 더해 미래적인 분위기를 강조하는 독특한 도시 이미지를 만들어냅니다. 이처럼 미드저니는 창작자의 의도와 스타일을 존중하면서도 독특하고 상상력 넘치는 결과물을 제공합니다.

미드저니는 딥러닝 모델을 기반으로 작동하며, 수많은 예술적 스타일과 이미지를 학습한 데이터를 활용하여 고유한 비주얼을 창출합니다. 이 모델은 트랜스포머^{Transformer}와 같은 최신 딥러닝 기술을 이용해 텍스트에서 추출한 의미를 시각적으로 표현할 수 있는 방법을 학습합니다. 다양한 스타일의 예술적 요소들을 이해하고 이를 결합하여 새로운 이미지를 생성하는 방식입니다.

특히 미드저니는 스타일화에 초점을 맞추고 있어 사용자가 요청하는 스타일을 정확하게 반영하며 창의적인 변형을 가하는 데 강점을 가집니다. 예술적 스타일에 대한 높은 이해도와 표현력을 바탕으로, 매우 감각적이고 개성 있는 이미지를 만들어냅니다.

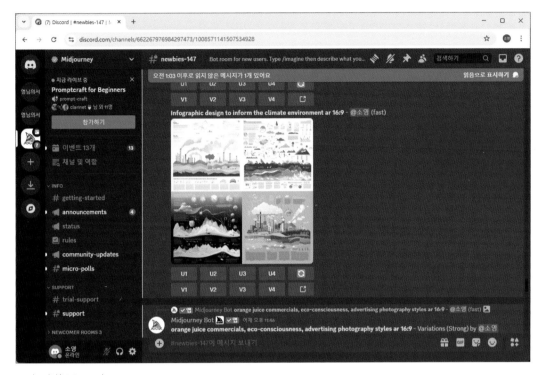

▲ 미드저니(Midjourney)

미드저니의 활용 범위

미드저니는 예술적이고 창의적인 콘텐츠를 요구하는 다양한 분야에서 활발히 활용되고 있습니다. 주요 사용 사례는 다음과 같습니다.

- **디지털 아트 및 비주얼 아트 작업**: 미드저니는 디지털 아트나 비주얼 아트의 창작 과정에서 중요한 도구로 사용됩니다. 예술가들이 특정 스타일이나 주제에 맞춰 독특하고 감각적인 이미지를 생성하는 데 유용합니다. 예를 들어, 일러스트레이터나 디지털 아티스트들이 자신만의 스타일을 더욱 풍부하게 실험하거나, 신속하게 다양한 예술적 시도를 할 수 있습니다.

- **웹디자인 및 콘텐츠 제작**: 웹디자인에서 필요한 비주얼 요소들을 빠르게 생성할 수 있습니다.

예를 들어, 웹사이트나 애플리케이션 디자인에서 사용하는 배경 이미지나 아이콘, 그래픽 등을 디자인할 때 미드저니는 스타일리시하고 창의적인 디자인 요소를 만들어낼 수 있습니다. 사용자는 텍스트 프롬프트만으로 웹 디자인에 필요한 다양한 이미지를 빠르게 얻을 수 있습니다.

- **게임 아트워크 및 캐릭터 디자인**: 게임 산업에서 미드저니는 캐릭터 디자인, 배경, 환경 디자인 등 다양한 아트워크 작업에 사용됩니다. 게임 개발자는 게임의 테마에 맞는 스타일을 요청하고, AI는 그 스타일에 맞는 게임 아트워크를 생성합니다. 이러한 과정은 게임의 비주얼 스타일을 설정하고 빠르게 프로토타입을 만드는 데 유용합니다.

- **아이디어 및 프로토타입 시각화**: 예술, 디자인, 영화 등 창작 작업에서 새로운 아이디어를 시각화하는 데 유용합니다. 예술가나 디자이너가 구상한 아이디어를 빠르게 시각적인 형태로 만들고, 그에 대한 실험을 통해 최종 디자인을 구상할 수 있습니다.

미드저니의 장점과 제한 사항

미드저니의 주요 장점은 예술적인 스타일을 강조하는 이미지 생성에 강점을 가지고 있다는 점입니다. 특히 풍부한 색감, 섬세한 텍스처, 그리고 다양한 스타일을 반영한 이미지를 생성할 수 있기 때문에 예술적이고 독창적인 결과물이 필요한 경우 매우 유용합니다. 예술적이고 창의적인 이미지 생성을 필요로 하는 분야에서 강력한 도구로 자리잡고 있습니다. 특히 디지털 아트, 웹디자인, 게임 아트워크와 같은 시각적 콘텐츠 제작에서 매우 유용하게 활용될 수 있으며, 창의적이고 독창적인 비주얼을 생성하는 데 큰 장점을 가지고 있습니다. 이 툴은 상상력 넘치는 예술적 결과물을 생성할 수 있는 강력한 생성형 AI 모델로, 예술적 스타일과 창의성을 중시하는 프로젝트에 필수적인 도구로 활용될 수 있습니다.

하지만, 미드저니는 실용적인 디자인이나 정확한 현실적 요소를 요구하는 작업에서는 다소 한계가 있을 수 있습니다. 예를 들어, 과학적이거나 사실적인 스타일의 이미지보다는 예술적이고 추상적인 스타일의 이미지 생성에 더 적합합니다. 또한, 특정 세부 사항이나 정밀한 형태의 재현에 있어 다소 제한이 있을 수 있습니다.

▲ 미드저니에서 생성한 이미지와 프롬프트 화면

taoqixiaobai 16h

A highly detailed digital painting of a serene and picturesque street scene with a dreamy, storybook-like atmosphere. A blue house with a textured, slightly weathered exterior stands as the focal point. It features three visible windows, two glowing warmly from within, hinting at a cozy interior. The right window showcases shelves filled with books, potted plants, and decorative objects. Small flowers grow at the house's base, enhancing its organic charm. A tree with dark, twisting branches extends over the house, adorned with delicate pink blossoms contrasting against the blue wall. In the background, golden foliage fills the sky, creating a vibrant yet peaceful ambiance. A woman with long black hair, wearing a flowing orange top and a deep blue skirt, walks beside her bicycle along a clean, light-colored sidewalk. Her posture is relaxed, lost in thought. The art style blends realism and stylized illustration, with soft painterly textures and impressionistic details. A harmonious color palette of cool blues, warm golds, and pinks, with soft, diffused lighting, enhances the tranquil and nostalgic mood.

ar 3:4

Use   Image   Style   Prompt

2 | 오픈소스 기반의 스테이블 디퓨전

스테이블 디퓨전^{Stable Diffusion}은 완전 무료로 제공되는 오픈소스 AI 이미지 생성 모델로, 누구나 자유롭게 활용하고 커스터마이징할 수 있는 강력한 기능을 갖추고 있습니다. 다른 AI 이미지 생성 툴과 달리 로컬 환경에서 실행할 수 있어 인터넷 연결 없이도 원하는 이미지를 생성할 수 있으며, 이를 통해 개인 정보 보호와 보안성이 높은 작업이 가능하다는 것이 큰 장점입니다. 또한, 커스텀 모델을 활용하면 특정 브랜드나 기업 스타일을 반영한 맞춤형 이미지 제작이 가능하며, 사용자의 요구에 따라 모델을 조정해 더욱 정교한 결과물을 얻을 수 있습니다.

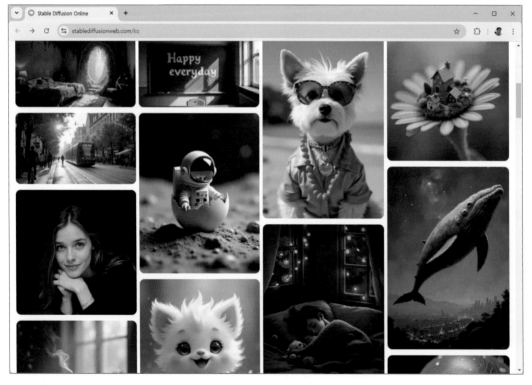

▲ 스테이블 디퓨전(Stable Diffusion)

스테이블 디퓨전의 업무 활용

스테이블 디퓨전은 다양한 업무 환경에서 활용될 수 있으며, 특히 보안이 중요한 프로젝트나 특정한 스타일이 필요한 작업에서 유용합니다.

- **사내 내부 자료 및 보안이 필요한 프로젝트**: 인터넷 기반의 AI 이미지 생성 툴을 사용하기 어려운 환경에서 내부적으로 필요한 이미지를 제작할 수 있습니다.
- **특정 브랜드나 기업 스타일을 반영한 이미지 제작**: 기업의 아이덴티티를 반영한 맞춤형 비주얼 콘텐츠를 생성할 수 있으며, 반복적으로 일관된 스타일을 유지할 수 있습니다.
- **제품 프로토타입 및 컨셉 디자인**: 새로운 제품의 컨셉을 시각적으로 표현하거나 프로토타입을 시뮬레이션하는 데 활용할 수 있습니다.

스테이블 디퓨전의 주요 장점

- **무료로 사용할 수 있으며, 강력한 커스터마이징 기능 제공**: 상업용 라이선스도 무료로 제공되므로 기업에서도 부담 없이 사용할 수 있으며, 특정한 스타일이나 브랜드 이미지에 맞춰 조정할 수 있습니다.
- **디자이너나 개발자가 원하는 대로 모델 조정 가능**: 기존 모델을 학습시켜 원하는 스타일을 반영할 수 있으며, 세밀하게 조정할 수 있습니다.
- **로컬 PC에서도 실행할 수 있어 보안성 높음**: 클라우드 기반 AI 툴과 달리 로컬 환경에서 직접 실행할 수 있어 보안이 중요한 프로젝트에서도 안심하고 사용할 수 있습니다.

3 | 디자인 및 크리에이티브 작업, 어도비 파이어플라이

어도비 파이어플라이^{Adobe Firefly}는 어도비^{Adobe}에서 개발한 생성형 AI로, 포토샵^{Photoshop}과 일러스트레이터^{Illustrator}와의 강력한 연동성을 갖춘 것이 가장 큰 특징입니다. 단순한 이미지 생성 기능을 넘어 벡터 그래픽, 텍스트 효과, 패턴 생성 등 다양한 크리에이티브 기능을 지원하며, 기존의 어도비 제품과 자연스럽게 통합되어 디자인 워크플로우를 더욱 매끄럽게 만들 수 있습니다. 특히 AI 기반으로 제작한 디자인 요소를 벡터 형식으로 출력할 수 있어 인쇄 작업에도 적합하며, 소셜 미디어 콘텐츠 제작부터 브랜드 디자인, 광고 및 마케팅 소재 제작까지 전문적인 크리에이티브 작업에 최적화된 솔루션을 제공합니다.

▲ 어도비 파이어플라이는 포토샵과 연동 가능

어도비 파이어플라이 업무 활용

어도비 파이어플라이는 디자인과 마케팅 분야에서 매우 효과적으로 활용될 수 있으며, 다음 과 같은 작업에서 큰 도움을 줄 수 있습니다.

- **포스터, 배너, 광고 디자인**: 마케팅 및 프로모션을 위한 포스터, 온라인 광고 배너, 오프라인 인쇄물 제작에 활용할 수 있습니다. 기존 디자인 템플릿을 기반으로 AI가 새로운 스타일 을 적용하거나 특정 키워드를 입력하여 자동으로 디자인을 생성할 수 있습니다.

- **브랜드 로고 및 아이덴티티 디자인**: 브랜드의 고유한 개성을 표현하는 로고를 AI 기반으로 제작할 수 있으며, 스타일 변형이나 색상 조합을 다양하게 실험할 수 있습니다.

벡터 기반의 AI 그래픽 생성 기능을 활용하면 해상도 손실 없이 로고 및 아이덴티티 요소를 디자인할 수 있습니다.

- **소셜 미디어용 그래픽 디자인**: 인스타그램, 유튜브 섬네일, 페이스북 광고 등 소셜 미디어 콘텐츠 제작에 최적화된 템플릿과 스타일을 적용하여 빠르게 고품질의 디자인을 생성할 수 있습니다.

AI를 활용하여 자동으로 다양한 버전의 콘텐츠를 제작할 수 있어, A/B 테스트 및 맞춤형 마케팅 전략에도 유용하게 활용됩니다.

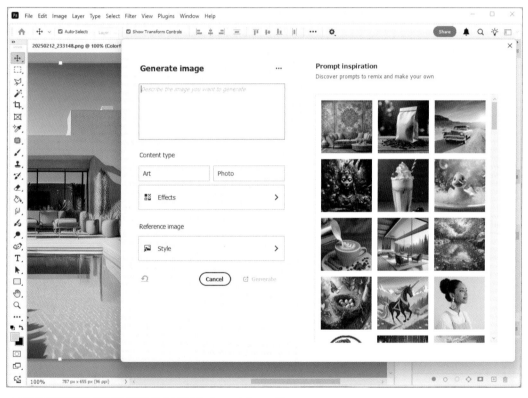

▲ 어도비 파이어플라이 기반으로 이미지 생성을 제공하는 Generate Image 기능

어도비 파이어플라이의 주요 장점

- **어도비 제품과 자연스럽게 연동되어 디자인 워크플로우가 매끄러움**: 포토샵 및 일러스트레이터

와 직접 연동되므로 AI가 생성한 디자인을 바로 편집할 수 있어 기존 작업 방식과 자연스럽게 통합됩니다.

기존 디자인 작업의 효율성을 극대화할 수 있으며, AI를 활용한 자동화 기능을 통해 반복적인 디자인 작업을 줄일 수 있습니다.

- **벡터 기반의 AI 생성이 가능하여 인쇄 작업에도 적합**: 포토샵과 달리 벡터 그래픽을 생성할 수 있어 해상도에 구애받지 않고 자유롭게 크기 조정을 할 수 있습니다. 포스터, 명함, 브로슈어 등 인쇄물이 필요한 프로젝트에서 유용하게 활용될 수 있습니다.

- **직관적인 UI로 쉽게 사용**: 어도비의 기존 인터페이스를 활용하여 디자인 경험이 없는 사용자도 쉽게 AI 기능을 활용할 수 있도록 설계되었습니다. 텍스트 프롬프트를 입력하는 것만으로 원하는 스타일의 이미지나 그래픽을 쉽게 생성할 수 있습니다.

어도비 파이어플라이는 디자인 및 크리에이티브 작업을 위한 최적화된 AI 툴로, 어도비 제품과의 강력한 연계성을 통해 전문적인 디자인 직업을 너욱 빠르고 효율적으로 수행할 수 있도록 도와줍니다. 특히 벡터 기반 디자인을 생성할 수 있는 점과 직관적인 UI는 크리에이티브 작업을 하는 디자이너뿐만 아니라 일반 사용자도 쉽게 활용할 수 있도록 합니다.

그러나 어도비 크리에이티브 클라우드 구독이 필요하다는 점과 사진 품질이 다른 AI 툴보다 다소 부족할 수 있다는 점을 고려해야 합니다. 따라서 포토샵과 일러스트레이터를 자주 사용하는 사용자라면 파이어플라이를 적극적으로 활용할 가치가 있으며, 더욱 현실적인 사진 생성이 필요한 경우 미드저니나 스테이블 디퓨전과 함께 사용하면 더욱 효과적일 것입니다.

4 | 이미지 생성부터 비디오 편집까지, 런웨이

런웨이Runway는 인공지능AI 기술을 활용해 이미지 생성, 비디오 편집, 스타일 변환 등 다양한 창작 작업을 수행할 수 있도록 돕는 혁신적인 크리에이티브 툴킷입니다. 이 툴은 전문가뿐만 아니라 일반 사용자까지 손쉽게 사용할 수 있도록 설계되어 창작 과정을 효율적이고 직관적으로 바꾸어 놓은 AI 도구로 주목받고 있습니다. 런웨이는 복잡한 AI 모델을 직접 다루기 어려운 사람들에게도 간편한 인터페이스와 기능성을 제공하여 창의적인 작업을 손쉽게 할 수 있도록 돕습니다.

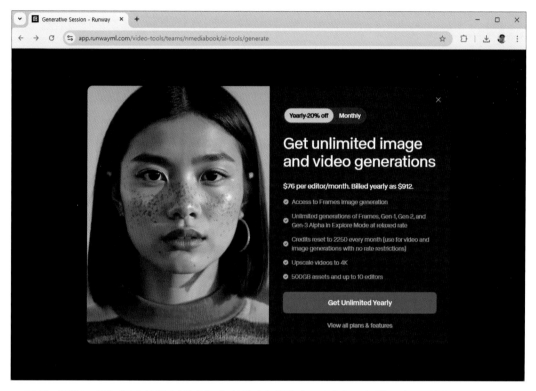

▲ 런웨이는 다양한 AI 모델을 제공하여 사용자가 창작하는 데 필요한 여러 작업을 빠르고 효율적으로 수행할 수 있도록 지원한다.

- **이미지 생성 및 텍스트−이미지 변환**: 런웨이는 텍스트 설명을 바탕으로 이미지를 생성하는 기능을 제공하며, 사용자가 제공하는 자연어 텍스트를 바탕으로 고유한 이미지를 만들어 낼 수 있습니다. 예를 들어, "푸른 하늘과 구름이 떠 있는 아름다운 풍경"을 입력하면 AI 는 해당 설명을 바탕으로 창의적이고 독특한 풍경 이미지를 자동으로 생성합니다.

- **스타일 변환 및 스타일화**: 런웨이는 이미지를 다른 스타일로 변환하는 기능을 제공합니다. 예를 들어, 기존 사진이나 이미지를 특정 예술적 스타일(예: 고흐 스타일, 모네 스타일 등)로 변환할 수 있으며, 이를 통해 풍부하면서도 창의적으로 변형된 이미지를 빠르게 얻을 수 있습니다. 이 기능은 특히 디지털 아트나 비주얼 아트 분야에서 매우 유용하게 활용됩니다.

- **비디오 편집 및 생성**: 런웨이는 비디오 편집을 위한 AI 도구를 제공합니다. 사용자는 텍스트 설명만으로 장면을 이미지로 변환하거나 동영상 클립을 생성하는 작업을 할 수 있습니다. 예를 들어, 특정 장면의 구체적인 설명을 입력하면 AI는 그 장면에 맞는 비디오를 생성할 수 있습니다. 또한, AI를 활용한 비디오 편집 기능은 매우 직관적이어서 복잡한 영상 편집 작업도 단순화할 수 있습니다.

- **머신러닝 기반 이미지 및 비디오 처리**: 런웨이는 최신 딥러닝 모델을 활용하여 이미지 및 비디오 처리 작업을 효율적으로 수행합니다. 이러한 모델을 통해 고급 비주얼 효과, 이미지 필터링, 색상 보정, 오브젝트 추적 등의 작업을 빠르고 정확하게 처리할 수 있습니다.

- **모델 학습 및 커스터마이징**: 런웨이는 사용자가 자신만의 AI 모델을 학습시키거나 기존 모델을 커스터마이징할 수 있는 기능을 제공합니다. 이 기능을 통해 특정 목적에 맞는 AI 모델을 훈련시키거나 기존 모델을 사용자의 창작에 맞게 조정하여 최적화할 수 있습니다.

런웨이는 다양한 창작 분야에서 활용될 수 있습니다. 이 툴은 특히 창의적인 직업과 효율적인 작업 진행을 도와주는 강력한 도구로 자리 잡고 있습니다. 주요 사용 사례는 다음과 같습니다.

- **광고 제작**: 광고 산업에서 런웨이는 광고 캠페인의 비주얼 콘텐츠를 빠르게 생성하고 편집하는 데 활용됩니다. 예를 들어, 브랜드나 제품에 대한 설명을 바탕으로 AI가 매력적이고 창의적인 이미지나 비디오 광고를 생성할 수 있습니다. 또한, 광고 제작 과정에서 AI의 스타일 변환 기능을 활용하여 다양한 스타일의 비주얼 콘텐츠를 손쉽게 만들 수 있습니다.

- **비주얼 아트**: 예술가들은 런웨이를 활용해 디지털 아트를 만들거나 기존 이미지를 스타일화하는 데 유용하게 사용할 수 있습니다. 특히 예술적 스타일을 변형하는 기능이 뛰어나 예술적 실험을 시도하거나 새로운 형태의 예술 작품을 창작하는 데 도움을 줍니다. 예를 들어, 기존 작품에 다양한 예술 스타일을 적용하여 창의적인 변화를 줄 수 있습니다.

- **영화 및 영상 제작**: 영화 제작자들은 런웨이를 이용해 시나리오에 맞는 장면을 생성하거나 비디오 편집을 효율적으로 할 수 있습니다. 예를 들어, 영화의 특정 장면을 텍스트로 입력하여 AI가 이를 시각적으로 재현하도록 하거나 기존 영상에 특수 효과를 추가하는 작업을

신속하게 진행할 수 있습니다. 특히 런웨이는 빠른 프로토타이핑과 시각적 아이디어 시각화에 유용합니다.

▲ 사실적인 영상 제작이 가능한 런웨이

- **마케팅 콘텐츠 생성**: 마케팅 팀은 런웨이를 활용하여 소셜 미디어 콘텐츠, 브랜딩 이미지, 마케팅용 비디오 등을 빠르게 생성할 수 있습니다. 텍스트를 기반으로 하는 이미지 및 비디오 생성 기능을 통해 마케팅 캠페인에 맞는 맞춤형 콘텐츠를 효율적으로 만들어낼 수 있습니다. 또한, 스타일 변환을 통해 브랜드 이미지를 강화하는 다양한 비주얼 스타일을 손쉽게 만들 수 있습니다.

- **게임 개발 및 인터랙티브 콘텐츠 제작**: 게임 개발자들은 런웨이를 활용하여 게임의 배경, 캐릭터 디자인, 게임 시나리오에 맞는 애니메이션 장면을 빠르게 생성할 수 있습니다. AI를 활용하여 게임 환경을 구축하고, 게임 내 비주얼 스타일을 조정하는 데 유용한 도구로 활용될 수 있습니다. AI를 이용해 게임의 시나리오에 맞는 장면을 직관적으로 시각화하고 테스트할 수 있는 점이 큰 장점입니다.

런웨이 장점과 제한 사항

런웨이의 가장 큰 장점은 다양한 AI 모델을 통합해 이미지 생성, 비디오 편집, 스타일 변환, 텍스트-이미지 변환 등의 작업을 쉽고 빠르게 처리할 수 있다는 점입니다. 또한, 사용자는 간단한 인터페이스를 통해 AI 기술을 쉽게 활용할 수 있기 때문에 비전문가도 충분히 활용할 수 있습니다. 다양한 모델 커스터마이징 기능과 학습 기능도 제공하여 창작 활동을 더 깊이 있게 다룰 수 있습니다.

그러나 런웨이는 고급 기능을 사용하는 데 있어 다소 기술적 지식이 필요할 수 있으며, 특정 작업에서 정밀도나 품질이 떨어질 수 있는 제한이 있을 수 있습니다. 특히 매우 세밀한 디테일을 요구하는 작업에서는 AI가 처리하기 어려운 경우가 있을 수 있습니다.

런웨이는 창의적인 작업을 더 효율적이고 직관적으로 수행할 수 있도록 돕는 강력한 AI 도구입니다. 다양한 기능을 통해 이미지 생성, 비디오 편집, 스타일 변환, 텍스트-이미지 변환 등의 작업을 빠르게 처리할 수 있으며, 광고 제작, 비주얼 아트, 영화 제작, 게임 개발 등 여러 분야에서 매우 유용하게 활용됩니다. 이 툴은 크리에이티브 전문가들이 더욱 혁신적이고 창의적인 콘텐츠를 생산할 수 있게 돕는 중요한 역할을 합니다.

5 | OpenAI의 이미지 생성형 AI, 달리(DALL·E)

달리DALL·E는 OpenAI에서 개발한 혁신적인 텍스트 기반 이미지 생성 모델입니다. 이 모델은 사용자가 제공한 자연어 텍스트를 입력받아 그에 맞는 창의적이고 다양한 이미지를 자동으로 생성합니다. 달리는 자연어 처리 기술의 발전을 활용하여 사람이 쓰는 언어를 이해하고 이를 시각적 콘텐츠로 변환하는 독특한 능력을 지니고 있습니다. 이 모델은 GPT-3 기반의 언어 모델을 사용하여 텍스트를 분석하고, 이를 바탕으로 이미지 생성에 필요한 세부 사항들을 학습하여 상상력과 창의성을 반영한 결과물을 만들어냅니다.

달리의 가장 중요한 기능은 텍스트 설명을 바탕으로 전혀 새로운 이미지를 창출하는 능력입니다. 사용자는 자연어로 원하는 이미지를 설명하고, 달리는 그 설명을 정확하게 해석하여 이미지를 생성합니다. 예를 들어, "하늘을 나는 오리"라는 문장을 입력하면 AI는 이 텍스트에서 핵심적인 요소인 '하늘', '날다', '오리'를 이해하고, 이들을 결합해 현실에서 볼 수 없는 창의적이고 독특한 이미지를 생성합니다. 달리는 단순한 이미지 복제가 아니라 입력된 텍스트에 맞는 상상력 넘치는 창작을 할 수 있는 능력을 가지고 있습니다.

달리의 강점은 스타일, 색상, 형태 등 사용자가 원하는 세부 사항을 반영할 수 있는 능력에 있습니다. 예를 들어, 사용자가 특정 예술 스타일(예: 피카소 스타일, 추상화, 고흐 스타일)로 이미지를 요청하거나 특정 색상 팔레트를 요구할 경우 AI는 이를 반영한 이미지를 생성할 수 있습니다. 이로 인해 사용자는 자신이 구상한 이미지를 매우 세밀하게 조정할 수 있으며 독특한 시각적 표현을 얻을 수 있습니다.

달리는 트랜스포머Transformer라는 딥러닝 구조를 기반으로 하며, GPT-3와 유사한 언어 모델을 사용합니다. 텍스트 기반의 입력을 받아들이고, 이를 시각적인 정보로 변환하기 위해 대규모 데이터셋에서 학습한 패턴과 특성을 바탕으로 이미지를 생성합니다. 이 과정에서 달리는 이미지와 텍스트의 관계를 학습하고, 그 관계를 바탕으로 텍스트 설명에 맞는 이미지를 만드는 방법을 스스로 터득하게 됩니다.

달리는 또한 이미지의 해상도와 품질을 높이는 기능도 제공하며, 사용자가 원하는 특정 세부 사항을 강조하는 능력이 뛰어납니다. 예를 들어, 사용자가 "가을 풍경을 배경으로 한 고양이"라는 설명을 제공하면 AI는 가을의 색감, 고양이의 모습, 배경의 요소들을 조화롭게 결합하여 사실적이면서도 예술적인 이미지를 생성합니다.

A flying duck

달리^{DALL·E}는 다양한 분야에서 활용될 수 있는 유용한 도구입니다. 특히 광고, 일러스트, 게임 디자인, 프로토타입 제작 등의 분야에서 크게 각광받고 있습니다. 다음은 달리의 대표적인 사용 사례들입니다.

- **광고 및 마케팅**: 광고 캠페인에서 요구되는 독특하고 창의적인 이미지를 빠르게 생성하는 데 유용합니다. 예를 들어, 브랜드의 마케팅 목표에 맞춘 이미지나 비주얼 콘텐츠를 제공할 수 있으며, 새로운 광고 캠페인을 위한 실험적인 이미지 디자인을 빠르게 만들 수 있습니다.

- **일러스트레이션**: 책, 웹사이트, 포스터 등에서 필요한 일러스트를 텍스트만으로 쉽게 생성할 수 있습니다. 작가나 디자이너는 텍스트를 제공하고, AI가 그에 맞는 일러스트를 자동으로 생성하므로 창작 시간을 단축하고 다양한 스타일을 실험할 수 있습니다.

DALL·E 2 · An expressive oil painting of a basketball player dunking, depicted as an explosion of a nebula.

DALL·E 3 · An expressive oil painting of a basketball player dunking, depicted as an explosion of a nebula.

- **게임 디자인 및 프로토타입 제작**: 게임 개발자들이 텍스트 설명을 바탕으로 캐릭터 디자인, 배경, 스토리보드 등의 이미지들을 빠르게 생성할 수 있습니다. 게임 프로토타입에서 필요한 다양한 시각적 요소들을 빠르게 디자인하고 실험하는 데 큰 도움이 됩니다.

- **디지털 아트 및 예술 창작**: 달리는 예술적인 창작 활동에서도 큰 도움이 됩니다. 예술가들은 텍스트 설명을 통해 특정 스타일을 요구하고, AI는 그 스타일에 맞는 이미지를 생성함으로써 디지털 아트를 실험하거나 창작할 수 있습니다. 다양한 테마와 스타일을 시도하면서 기존의 창작 방식을 확장할 수 있는 도구가 됩니다.

- **교육 및 콘텐츠 제작**: 달리는 교육 자료나 콘텐츠 제작에서 유용하게 사용될 수 있습니다. 예를 들어, 특정 주제에 맞는 시각적 자료를 생성하거나 설명에 맞는 이미지를 만들어 교육적인 목적의 콘텐츠를 강화할 수 있습니다.

달리(DALL · E)의 장점과 제한 사항

달리^{DALL·E}는 이미지 생성의 창의성과 다양성을 지원하는 강력한 툴입니다. 그러나 몇 가지 제한 사항도 존재합니다. 우선 매우 세부적이고 복잡한 이미지를 생성할 때는 때로 예상치 못한 결과가 나올 수 있으며, AI의 창의성은 데이터에 의해 제한을 받을 수 있습니다. 또한, 생성된 이미지의 해상도나 품질이 항상 완벽하지는 않으며, 세밀한 조정이 필요한 경우 후속 작업이 필요할 수 있습니다.

달리는 텍스트에서 이미지를 생성하는 생성형 AI의 대표적인 모델로, 창의적이고 실험적인 이미지 생성에 강점을 가지고 있습니다. 이 툴은 사용자가 제공하는 텍스트를 기반으로 상상력 넘치는 비주얼 콘텐츠를 생성하며, 예술적 작업, 디자인, 마케팅, 게임 개발 등 다양한 분야에서 유용하게 활용될 수 있습니다. 달리는 텍스트와 이미지를 결합해 새로운 형태의 창작을 가능하게 만드는 혁신적인 도구로 자리잡고 있습니다.

CHAPTER 06
미드저니가 이미지 생성형 AI 툴킷에서 뛰어난 이유

미드저니는 예술적이고 창의적인 이미지 생성에서 탁월한 성능을 보이는 생성형 AI 툴킷으로, 독특한 스타일과 비주얼을 생성하는 데 강점을 지니고 있습니다. 이번 챕터에서는 미드저니가 다른 AI 툴킷에 비해 뛰어난 이유와 그 특징을 살펴봅니다.

미드저니(MidJourney)는 현재 생성형 AI 툴킷 중에서 특히 예술적이고 창의적인 이미지 생성에 탁월한 능력을 발휘하는 모델로 널리 인식되고 있습니다. 이 툴킷은 다른 생성형 AI와 비교했을 때 독특한 스타일과 비주얼을 생성하는 데 강점을 지니고 있으며, 고유한 예술적 특성과 세부적인 비주얼 요소를 반영하는 데 뛰어난 성능을 보입니다. 미드저니가 다른 AI 툴킷에 비해 뛰어난 이유는 다음과 같은 특징들이 복합적으로 작용하기 때문입니다.

1 | 창의적이고 독창적인 비주얼 스타일

미드저니의 가장 큰 강점 중 하나는 독창적이고 창의적인 이미지 스타일입니다. 이 툴킷은 예술적 작업에서 특히 강점을 발휘하는데, 텍스트 프롬프트를 바탕으로 독특하고 감각적인 스타일을 구현하는 데 탁월합니다. 미드저니는 다른 생성형 AI 툴들보다 더 예술적이고 섬세한 디테일을 표현하며, 특히 감성적이고 분위기 있는 이미지를 생성하는 데 뛰어난 성능을 보입니다.

예를 들어, '어두운 분위기의 고딕 스타일의 성'이라는 프롬프트를 입력하면, 미드저니는 고딕 건축 양식을 강조한 동시에 그 배경과 조명까지 신경 쓰며 완성도 높은 이미지를 생성합니다. 미드저니는 텍스트 프롬프트의 각 단어와 의미를 해석하는 데 있어 예술적인 미적 요소를 강조합니다. 이로 인해 미드저니가 생성하는 이미지는 단순한 사실적 묘사를 넘어 그 자체로 예술적 가치가 있는 작품으로 평가받을 수 있습니다.

프롬프트

A gothic castle in a dark mood, a style of art

2 | 세밀한 텍스처와 색상 표현

미드저니는 세밀한 텍스처와 색상 조합을 잘 다루는 특징을 가지고 있습니다. 미드저니가 생성하는 이미지에서 가장 두드러지는 특징은 다채롭고 깊이 있는 색감입니다. 예를 들어, 사용자가 '별빛이 반짝이는 밤하늘'을 요청할 경우, 미드저니는 단순히 별과 하늘만 그려내는 것이 아니라 별빛의 세밀한 반짝임, 하늘의 그러데이션 효과, 빛의 확산까지 섬세하게 표현하여 매우 자연스럽고 몰입감 있는 이미지를 만듭니다. 이러한 색상과 텍스처의 세심한 표현은 미드저니가 예술적 스타일을 효과적으로 구현할 수 있는 이유 중 하나입니다.

3 | 스타일과 분위기 맞춤화

미드저니는 사용자가 원하는 스타일이나 분위기를 정확하게 맞추는 능력이 뛰어납니다. 예를 들어, 사용자가 '레트로 미래주의 스타일의 도시 풍경'이라는 프롬프트를 제공하면, 미드저니는 1960~70년대 미래적 디자인을 바탕으로 한 레트로 퓨처리즘 스타일을 적용한 도시

프롬프트

Retro Futurist style urban landscape

풍경을 생성합니다. 이러한 스타일 맞춤화는 미드저니가 뛰어난 창의력과 스타일 해석 능력을 갖추었기 때문에 가능한 일입니다.

The latest high-tech future urban landscape. Photorealistic

미드저니는 텍스트 프롬프트에서 스타일에 대한 설명을 받아들이고 이를 정확히 반영하여 이미지에 스타일적 일관성을 부여하는데, 이 점에서 미드저니는 다양한 시각적 테마를 효과적으로 구현할 수 있습니다. 예를 들어, '현대적이고 최소주의적인 인테리어 디자인'을 요청하면, 미드저니는 현대적인 디자인 언어와 간결한 구성을 반영한 이미지를 생성하며, 사용자가 원하는 스타일에 맞게 완성도 높은 이미지를 만듭니다.

프롬프트
A quiet garden on a rainy day

4 | 고유한 분위기와 감성적인 요소 강조

미드저니는 다른 AI 툴과 비교했을 때 감성적인 요소와 분위기 표현에서 두각을 나타냅니다. 예를 들어, '비 오는 날의 고요한 정원'과 같은 프롬프트를 주면, 미드저니는 비의 감각적 묘사와 함께 고요한 분위기를 강조하는 이미지를 생성합니다. 이처럼 미드저니는 감정적 뉘앙스와 분위기를 잘 전달하는 이미지 생성에 강점을 보입니다.

5 | 빠르고 효율적인 이미지 생성

미드저니는 빠른 속도로 고퀄리티 이미지를 생성하는데, 이는 사용자가 작업 흐름을 효율적으로 관리할 수 있도록 돕습니다. 일반적으로 생성형 AI 툴은 이미지 생성에 시간이 걸릴 수 있는데, 미드저니는 속도와 품질을 균형 있게 조화시켜 사용자 경험을 최적화합니다. 이 속도는 특히 실시간 프로토타이핑이나 아이디어 발산 과정에서 유용합니다.

6 | 커스터마이징과 유연성

미드저니는 사용자가 텍스트 프롬프트를 통해 원하는 이미지 스타일이나 테마를 자유롭게 커스터마이징할 수 있는 유연성을 제공합니다. 예를 들어, 미드저니는 텍스트와 함께 세부적인 스타일이나 디테일을 요청하는 경우 그에 맞는 다양한 스타일 옵션을 제공하며, 사용자가 원하는 특정 요소들을 강조하거나 조정할 수 있습니다. 이로 인해 미드저니는 더 창의적이고 세밀한 작업을 원하는 사람들에게 이상적인 툴입니다.

독특한 예술적 스타일, 감성적인 비주얼 생성, 창의적인 텍스트 해석 능력 덕분에 다른 생성형 AI 툴킷보다 특별히 뛰어난 성능을 보입니다. 미드저니의 강력하고 세밀한 디테일, 풍부한 색상과 텍스처 표현, 스타일과 분위기 맞춤화 기능은 창작자의 요구에 맞는 이미지를 정확히 생성하는 데 매우 효과적입니다. 이를 통해 미드저니는 디지털 아트나 디자인 작업뿐만 아니라 게임 개발, 광고 제작, 콘텐츠 창작 등의 분야에서 매우 유용하게 사용되고 있으며, 예술적인 요소가 중요한 프로젝트에 특히 큰 도움이 되는 도구입니다.

CHAPTER
07

이미지들의 결합인
영상 생성의 기초

AI 영상 생성 기술은 이미지 생성 기술을 기반으로 발전하고 있으며, 두 분야는 밀접하게 연결되어 있습니다. 이번 챕터에서는 AI 이미지 생성 기술의 진보가 AI 영상 생성에 어떻게 중요한 기초를 제공하는지에 대해 살펴봅니다.

AI 영상 생성 기술은 주로 이미지 생성 기술을 기반으로 발전하고 있으며, 이 두 분야는 서로 밀접하게 연결되어 있습니다. 영상은 여러 이미지가 시간적으로 연결된 형태이기 때문에 AI 이미지 생성의 기술적 진보가 AI 영상 생성에 중요한 기초를 제공하는 이유는 여러 측면에서 설명할 수 있습니다.

1 │ 프레임 기반의 영상 생성

AI 영상 생성 기술은 각각의 프레임을 개별적으로 생성하여 이를 이어붙여 하나의 연속적인 영상을 만들어 내는 방식으로 동작합니다. 이 과정에서 각 프레임이 품질 높은 이미지로 생성되는 것이 매우 중요합니다. 영상은 본질적으로 여러 이미지들이 시간에 맞춰 연결되는 형태인데, 이때 개별 프레임의 품질이 떨어지면 영상 전체의 품질이 저하될 수밖에 없습니다. 예를 들어, 3D 애니메이션이나 실사 영상을 제작할 때 각 프레임에서 이미지의 질감, 색상, 조명 등이 제대로 표현되지 않으면 그것들이 이어져 만들어지는 영상은 부자연스럽고 왜곡된 느낌을 줄 수 있습니다. 반대로 각 프레임이 세밀하게 생성되고 일관되게 유지되면 시각적으로 매끄럽고 사실적인 영상을 제작할 수 있습니다. 이처럼 영상 품질은 이미지 생성 기술에 의존하는데, 이미지 생성 AI 능력이 뛰어날수록 전체 영상의 품질도 높아집니다.

▲ 이미지의 결합, 영상 프레임

2 │ 영상의 일관성 있는 스타일 유지와 다양성

영상 제작에서 스타일의 일관성은 매우 중요한 요소입니다. 영화나 애니메이션에서는 한 편의 영상 내에서 모든 장면과 프레임이 동일한 비주얼 스타일을 유지해야 관객이 이야기 속에 몰입할 수 있습니다. 예를 들어, 애니메이션 스타일의 영상을 제작할 때 각 프레임에서 등장인물, 배경, 색상, 텍스처 등이 동일한 스타일을 갖추지 않으면 시청자는 영상의 연속성에 의문을 가질 수 있습니다. 스타일이 일관되지 않으면 현실감을 떨어뜨리고 영상 전체의 흐름을 방해할 수 있습니다.

이러한 점에서 이미지 생성 AI의 역할은 더욱 중요해집니다. AI는 텍스트 설명이나 이미지 예시를 기반으로 특정 스타일이나 분위기를 잘 반영하여 이미지를 생성할 수 있기 때문입니다. 예를 들어, 고딕풍의 애니메이션을 제작한다고 가정할 때 이미지 생성 AI는 고딕풍의 고유한 특성(어두운 색조, 복잡한 배경, 특징적인 의상 등)을 학습하고, 이를 바탕으로 모든 프레임을 고딕풍의 스타일로 생성해야 합니다. 이 과정에서 이미지 생성 AI의 스타일 유지 능력이 중요한 역할을 하게 됩니다.

영상의 프레임 간 자연스러운 변화는 또 다른 중요한 요소입니다. 예를 들어, 애니메이션에서는 등장인물의 움직임, 표정 변화, 배경 변화 등이 부드럽게 이어져야 합니다. 만약 각 프레임에서 이러한 변화가 갑작스럽거나 어색하다면 영상은 끊어진 느낌을 줄 수 있습니다. 이는 관객에게 몰입감을 방해하고 시각적으로 불편한 경험을 줍니다. 이미지 생성 AI는 이와 같은 시간에 따른 변화를 부드럽게 이어주는 데 중요한 역할을 합니다.

▲ 스타일의 동일성을 유지하면서 움직임과 배경 변화를 생성하는 AI

AI는 장면의 전환을 매끄럽게 만들 수 있으며, 이를 통해 동적인 이미지 변화를 실현할 수 있습니다. 예를 들어, 캐릭터의 움직임이나 배경의 변화가 자연스럽게 이어지도록 프레임 간의 차이를 최소화하는 방식으로 생성할 수 있습니다. 이러한 변화는 이미지 생성 AI가 각 프레임을 독립적으로 처리하면서도 전체 영상의 흐름을 고려해 연속적인 이미지를 만들어내는 데 중요한 기술적 요소가 됩니다.

3 | 효율성과 고품질 비주얼 창출

영상 생성의 경우 수많은 이미지를 빠르게 생성해야 하므로 이미지 생성 AI의 속도와 효율성이 매우 중요합니다. 고해상도 이미지를 하나씩 생성하는 데 시간이 많이 소요되면 영상 제작 전체 과정이 지연될 수 있기 때문에 빠르고 효율적인 이미지 생성이 영상 제작의 타임라인을 지키는 데 큰 역할을 합니다. 예를 들어, AI 기반 애니메이션 제작 시 수천 개 이미지를 빠르게 생성해야 하는 상황에서 이미지 생성 AI가 중요한 기초 작업을 수행합니다.

영상은 동적인 이미지이지만, 그 영상의 기본적인 비주얼은 이미지가 만들어내는 결과물에 의존합니다. 디테일이 풍부한 이미지는 영상의 품질을 높이고, 고품질의 시각적 경험을 제공합니다. AI가 이미지를 생성할 때 고해상도와 세밀한 디테일을 제공할 수 있다면 그 이미지들이 모여 만들어지는 영상도 자연스럽고 몰입감 있게 완성됩니다. 예를 들어, 가상 세계를 설정하는 영화나 게임에서의 환경 디자인은 정교한 배경 이미지 생성에 의해 이루어집니다.

4 | 독특한 비주얼 스타일과 효율적인 프로토타이핑

또한 AI 이미지 생성은 영상에서의 동적인 변화를 시각화하는 데에도 필요합니다. 예를 들어, 애니메이션에서 등장인물의 움직임이나 변화가 자연스럽게 연결되도록 하려면 각 이미지 프레임에서의 변화 과정을 잘 처리해야 합니다. AI 이미지 생성 기술은 이와 같은 동적 변화를 시각적으로 잘 구현할 수 있어 영상의 액션 장면이나 전환 장면을 더 실감나게 만들 수 있습니다. 이를 위해 이미지 생성 기술이 시간 흐름에 따른 일관된 변화를 반영하는 데 유용하게 사용됩니다.

AI 이미지 생성 툴은 창작자가 상상할 수 있는 거의 모든 스타일을 현실화할 수 있는 능력을 가지고 있습니다. 이는 영상 제작에 있어서 창의적인 비주얼을 만들 때 중요한 요소가 됩니다.

예를 들어, 판타지 영화나 과학적 상상력을 요구하는 장면에서 AI는 특정 테마나 스타일에 맞춘 이미지를 생성함으로써 영화나 애니메이션의 비주얼을 독특하게 만들 수 있습니다. 이는 영상의 예술적 퀄리티를 한층 향상시키는 데 중요한 역할을 합니다.

AI 이미지 생성 기술을 통해 빠르게 비주얼 프로토타입을 만들 수 있습니다. 영상 제작 과정에서 특정 장면이나 아이디어를 신속하게 시각화하려면 이미지 생성 AI가 중요한 역할을 합니다. 예를 들어, 감독이나 애니메이터가 장면을 시뮬레이션하거나 아이디어를 실현하고자 할 때 AI는 텍스트나 스케치를 기반으로 빠르게 이미지 프로토타입을 생성하고 그 결과를 바탕으로 실제 영상 제작을 진행할 수 있습니다. 이는 창작 과정에서 효율성을 극대화하고 더 나은 창작물을 만들 수 있는 중요한 요소가 됩니다.

AI 영상 생성 기술은 기본적으로 AI 이미지 생성 기술을 바탕으로 발전하고 있으며, 이미지 생성이 고해상도, 세부적인 텍스처, 스타일 유지, 효율성, 변화의 시각화 등 여러 중요한 요소들을 잘 처리하는 데 필수적입니다. AI 이미지 생성은 영상 제작의 기초가 되는 프레임을 제공하고, 그 프레임을 통해 동적인 영상을 효과적으로 만들 수 있게 돕는 핵심 기술로 작용합니다. 이와 같은 이유로 이미지 생성 기술은 AI 영상 생성에 있어서 중요한 역할을 합니다.

Part 02

이미지 생성을
위한
**프롬프트
작성법**

CHAPTER
01

미드저니 설치하기

미드저니를 사용하려면 디스코드에 가입하고 미드저니 서버에 접속해 명령어로 이미지를 생성해야
합니다. 이번에는 디스코드 가입과 미드저니 서버 접속 방법을 살펴봅니다.

01 미드저니는 디스코드 플랫폼을 통해 작동하기 때문에 먼저 디스코드 계정을 만들어야 합니다.
이를 위해 웹 브라우저를 열고 주소창에 'discord.com'을 입력합니다. 디스코드 공식 웹사이트
에 접속한 후 오른쪽 상단에 위치한 〈Login〉 버튼을 클릭하여 로그인 화면으로 이동합니다.

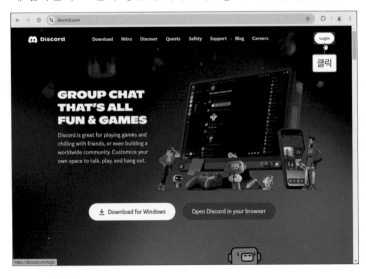

◆ 디스코드 계정이 없다면 로그인
화면에서 〈Sign Up〉 버튼을 클릭하
여 새로운 계정을 만들 수 있습니다.
계정을 생성한 후 로그인하면 미드
저니 서비스를 이용할 수 있습니다.

02 디스코드 로그인 화면이 표시됩니다. 만약 디스코드 계정이 없거나 새로 가입하려는 경우 로그인 화면 하단의 〈가입하기〉 버튼을 클릭하면 디스코드 계정을 새로 만드는 페이지로 이동합니다.

03 디스코드 계정을 만들기 위한 계정 만들기 화면이 표시되면 먼저 이메일 주소, 사용자 이름, 비밀번호 등의 개인 정보를 정확하게 입력한 후 화면 하단에 있는 〈계속하기〉 버튼을 클릭합니다.

이제 디스코드는 입력한 이메일 주소로 인증 메일을 보냅니다. 이메일이 발송되면 이메일 계정에 접속하여 디스코드에서 보낸 인증 메일을 확인합니다. 이메일 안에 포함된 인증 링크를 클릭하면 이메일 인증이 완료됩니다.

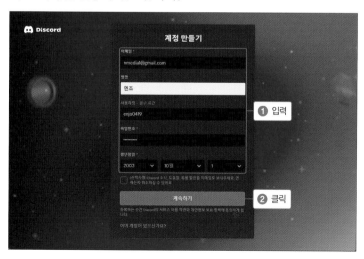

04 미드저니와 연동하기 위해 먼저 웹 브라우저를 열고 주소창에 'midjourney.com'을 입력하여 미드저니 공식 웹사이트에 접속합니다. 페이지 상단이나 하단에 위치한 〈Sign Up〉 버튼을 클릭합니다.

05 계정 가입 창에서 미드저니와 디스코드를 연동하는 옵션이 제공됩니다. 여기서 〈Continue with Discord〉 버튼을 클릭합니다.

◆ 〈Continue with Discord〉 버튼을 클릭하면 디스코드 계정으로 로그인할 수 있는 디스코드 인증 화면으로 이동합니다. 디스코드 계정으로 로그인하면 미드저니가 디스코드 계정에 접근할 수 있는 권한을 요청하며, 이를 허용하면 미드저니와 디스코드 계정이 연동됩니다. 연동이 완료되면 미드저니의 다양한 기능을 디스코드를 통해 사용할 수 있습니다.

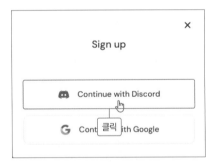

06 로그인된 화면이 표시되면 미드저니 웹사이트의 왼쪽 하단에 있는 My Account 아이콘을 클릭하고 [Midjourney Discord]를 선택합니다.

◆ My Account 아이콘을 클릭하면 계정 관리 페이지로 이동하며, 여러 옵션들이 나타납니다.

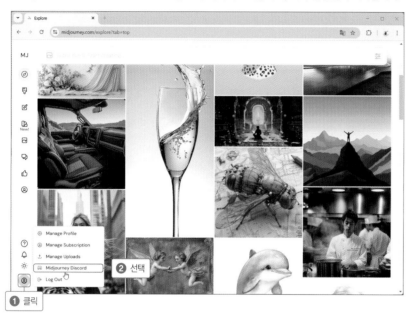

07 [Midjourney Discord]를 선택하면 디스코드 미드저니 서버에 초대받을 수 있는 초대장이 표시됩니다. 초대장에는 〈초대 수락하기〉 버튼이 있으며, 이 버튼을 클릭하면 디스코드 앱이 열리거나 웹 버전에서 미드저니의 디스코드 채널로 바로 연결됩니다.

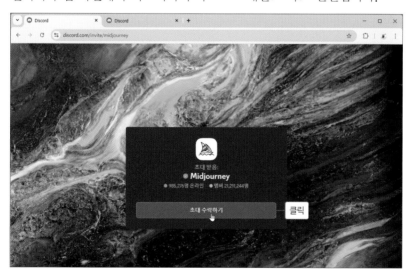

08 디스코드에서 미드저니 채널에 접속한 후 미드저니 봇과 상호 작용을 통하여 이미지 생성 등의 다양한 기능을 사용할 수 있습니다.

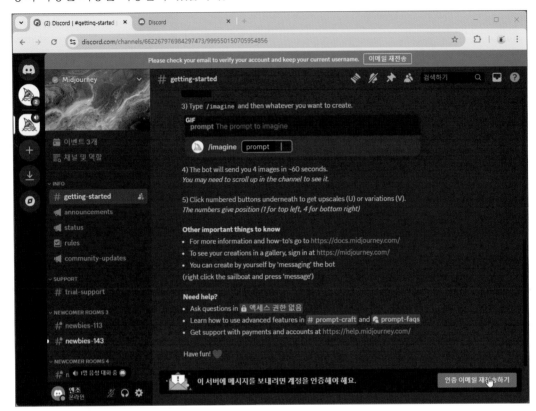

TIP **팁 연별/월별 구독 플랜 비교**

연별/월별 구독 플랜(Plan)을 비교하고 원하는 플랜을 결제합니다.

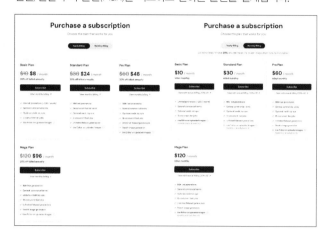

월 청구(Monthly Billing)

Basic Plan	제한된 생성량(~200/월) 일반 상업적 이용 가능 선택적 크레딧 충전 가능 3개의 동시 빠른 작업 가능 업로드한 이미지에서 에디터 사용 불가 (연간 요금제에서만 사용 가능)
Standard Plan	15시간 빠른 생성 일반 상업적 이용 가능 선택적 크레딧 충전 가능 3개의 동시 빠른 작업 가능 무제한 느린 생성 업로드한 이미지에서 에디터 사용 불가 (연간 요금제에서만 사용 가능)
Pro Plan	30시간 빠른 생성 일반 상업적 이용 가능 선택적 크레딧 충전 가능 12개의 동시 빠른 작업 가능 무제한 느린 생성 은밀한 이미지 생성 업로드한 이미지에서 에디터 사용 불가 (연간 요금제에서만 사용 가능)
Mega Plan	60시간 빠른 생성 일반 상업적 이용 가능 선택적 크레딧 충전 가능 12개의 동시 빠른 작업 가능 무제한 느린 생성 은밀한 이미지 생성 업로드한 이미지에서 에디터 사용 불가 (연간 요금제에서만 사용 가능)

연 청구(Yearly Billing)

Basic Plan	제한된 생성량(~200/월) 일반 상업적 이용 가능 선택적 크레딧 충전 가능 3개의 동시 빠른 작업 가능 업로드한 이미지에서 에디터 사용 가능
Standard Plan	15시간 빠른 생성 일반 상업적 이용 가능 선택적 크레딧 충전 가능 3개의 동시 빠른 작업 가능 무제한 느린 생성 업로드한 이미지에서 에디터 사용 가능
Pro Plan	30시간 빠른 생성 일반 상업적 이용 가능 선택적 크레딧 충전 가능 12개의 동시 빠른 작업 가능 무제한 느린 생성 은밀한 이미지 생성 업로드한 이미지에서 에디터 사용 가능
Mega Plan	60시간 빠른 생성 일반 상업적 이용 가능 선택적 크레딧 충전 가능 12개의 동시 빠른 작업 가능 무제한 느린 생성 은밀한 이미지 생성 업로드한 이미지에서 에디터 사용 가능

CHAPTER
02

프롬프트의 기본 구조

미드저니에서 이미지는 입력한 프롬프트에 따라 달라지며, 프롬프트는 명령어보다는 이미지를 묘사하는 방식이 더 효과적입니다. 이번 챕터에서는 프롬프트의 기본형과 고급형 구조에 대하여 알아봅니다.

미드저니에서는 프롬프트의 내용에 맞춰 이미지를 생성하며, 입력하는 프롬프트에 따라 결과물이 달라질 수 있습니다. 프롬프트 작성 시에는 명령어보다는 이미지를 직접적으로 묘사하는 방식이 더 효과적이며, 대소문자를 구분하지 않습니다. 일반적으로 프롬프트는 기본형과 고급형으로 나눌 수 있으며, 구조는 다음과 같습니다.

1 기본형 프롬프트

기본형 프롬프트는 하나의 단어나 문장으로도 이미지를 생성할 수 있습니다.

Draw a house on the clouds. Give it a pink vibe and apply a pastel drawing style. (✕)
구름 위에 있는 집을 그려라. 분홍색 느낌으로 만들되 파스텔로 그린 스타일을 적용해라.
A pink house on the clouds drawn in pastel. (○)
파스텔로 그린 구름 위 분홍색 집.

프롬프트

Draw a house on the clouds. Give it a pink vibe and apply a pastel drawing style.

✕

 프롬프트

A pink house on the clouds drawn in pastel.

○

01 프롬프트 창을 클릭한 후 '/'을 입력합니다. 상단에 메뉴가 나타나면 [/imagine]을 선택합니다.

◆ Tab 을 누르면 명령어가 자동 완성됩니다.

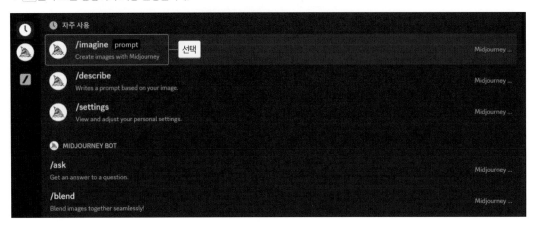

02 프롬프트 창에 'A pink house on the clouds drawn in pastel.'을 입력하고 Enter 를 누릅니다.

03 프롬프트를 실행하면 'Waiting to start' 문구가 나타나고 진행이 완료되면 'A pink house on the clouds drawn in pastel' 이미지 4장이 생성됩니다.

◆ 왼쪽 상단부터 오른쪽 하단까지 1, 2, 3, 4 순서입니다.

2 | 고급형 프롬프트

고급형 프롬프트는 여러 개의 텍스트, 구문, 이미지 파라미터를 모두 사용해 이미지를 생성할 수 있을 뿐만 아니라 편집도 가능합니다. 프롬프트를 입력할 때는 다음과 같이 이미지 → 텍스트 → 파라미터 순으로 입력해야 하며, 각 부분의 특징은 다음과 같습니다.

이미지 프롬프트

'http://imageURL.png'는 이미지 프롬프트로 PC에 저장된 이미지 파일을 업로드하거나 이미지의 URL을 입력할 수 있습니다. 하지만 이미지 프롬프트만 입력하면 명령어가 없기 때문에 결과물이 생성되지 않으며, 텍스트 프롬프트로 요청 사항을 입력해야 합니다.

단, '/blend' 명령어는 여러 장의 이미지를 혼합하는 기능으로 텍스트 프롬프트 없이도 실행할 수 있습니다. 최대 5장의 이미지를 혼합할 수 있으며, 이 경우 이미지를 URL이 아닌 직접 업로드해야 한다는 특징이 있습니다. 이는 모바일 사용자를 위해 최적화된 프로세스입니다.

이미지 URL은 스타일 참조나 문자 참조로도 사용할 수 있고, 온라인에서 직접 접근할 수 있는 링크여야 하며 .png, .gif, .jpg 등의 확장자로 끝나야 합니다. 또한, 이미지 파일은 .png, .gif, .webp, .jpg 또는 .jpeg 형식이어야 합니다.

텍스트 프롬프트

'description of what to imagine'은 텍스트 프롬프트로, 텍스트만으로 이루어진 형식입니다. 그러나 미드저니는 대화형 AI가 아니므로, 불필요한 내용을 제외하고 생성하려는 이미지에 대한 명확한 설명을 입력해야 합니다.

파라미터

'--parameter'는 파라미터 또는 매개변수로, 결과물에 영향을 주는 값을 조절합니다. 종횡비, 모델, 업스케일러 등 다양한 조건을 변경할 수 있으며, 여러 개를 추가할 수 있습니다. 앞쪽에 하이픈 두 개 '--'를 붙여야 한다는 특징이 있습니다.

프롬프트 창은 디스코드 미드저니에서 '/(슬래시)'를 입력하면 다양한 종류의 명령어가 자동으로 추천되며, 그중 '/imagine'을 선택한 후 원하는 프롬프트를 입력하면 됩니다.

다음은 파라미터의 예시로, 미드저니에는 이 외에도 다양한 파라미터가 존재하며, 이 책에서는 파라미터에 대해 세부적으로 다루었습니다.

01 프롬프트 창 옆의 + 아이콘을 클릭하고 [파일 업로드]를 선택합니다.

02 참고할 이미지 파일을 업로드하거나 이미지를 드래그해 업로드합니다. 이미지가 나타나면 Enter를 눌러 이미지를 업로드합니다.

03 이미지를 클릭해 확대되면 마우스 오른쪽 버튼을 클릭하고 [링크 복사하기]를 선택하여 이미지 링크를 복사합니다.

04 프롬프트 창을 클릭한 후 '/'을 입력합니다. 상단에 메뉴가 나타나면 [/imagine]을 선택합니다.

◆ Tab 을 누르면 명령어가 자동 완성됩니다.

05 프롬프트 창에 복사한 이미지 링크와 함께 프롬프트와 파라미터 'Midsummer beach scenery --ar 16:9 --v 6.0'을 입력하고 [Enter]를 누릅니다.

◆ 이미지 링크와 프롬프트는 [Spacebar]를 눌러 띄워야 합니다.

06 프롬프트를 실행하면 'Waiting to start' 문구가 나타나고, 진행이 완료되면 'https:// s.mj.run/-QwGukqyAxo Midsummer beach scenery --ar 16:9 --v 6.0' 이미지 4장이 생성됩니다.

◆ 왼쪽 상단부터 오른쪽 하단까지 1, 2, 3, 4 순서입니다.

효과적인 프롬프트 설계 방법

효과적인 프롬프트 설계는 구체적이고 명확한 표현을 사용하며, 띄어쓰기와 단어 순서에 신경 써야 정확한 이미지를 생성할 수 있습니다. 여기서는 프롬프트 설계 방법에 대해 알아봅니다.

프롬프트의 길이는 매우 짧게 한 단어로 작성할 수 있지만, 구체적으로 묘사된 프롬프트가 정확한 이미지를 생성하기 때문에 프롬프트의 구성 요소를 잘 이해하는 것이 중요합니다. 또한 띄어쓰기, 단어 간의 관계, 파라미터의 위치 등이 이미지 생성 결과에 큰 영향을 미칠 수 있습니다. 따라서 이번에는 먼저 프롬프트의 구성 요소를 살펴보고, 띄어쓰기와 순서, 그리고 프롬프트의 단어 표현과 문장 표현 방법을 살펴보겠습니다.

1 | 프롬프트의 구성 요소

프롬프트의 구성 요소는 주요 설명어$^{Main Subject}$, 추가 세부 사항$^{Additional Details}$, 스타일$^{Style of Mood Description}$, 파라미터^{Parameter}가 있습니다.

주요 설명어 Main Subject	추가 세부 사항 Additional Details	스타일 Style of Mood Description	파라미터 Parameter

간단한 프롬프트   a futuristic cityscape
미래 도시 풍경

중간 수준 프롬프트   a futuristic cityscape, glowing neon lights, flying cars
빛나는 네온 조명 + 날으는 자동차

고급 프롬프트   a futuristic cityscape, glowing neon lights, flying cars in the style of Studio Ghibli - - ar 16:9 - - q 2 - - s 750 - - v 6
스튜디오 지브리 스타일

87

간단한 프롬프트

A futuristic cityscape

중간 수준 프롬프트

A futuristic cityscape, glowing neon lights, flying cars

고급 프롬프트

A futuristic cityscape, glowing neon lights, flying cars in the style of Studio Ghibli --ar 16:9 --q 2 --s 750 --v 6

주요 설명어(Main Subject)

- **역할**: 프롬프트의 중심이 되는 대상이나 장면을 정의합니다. 생성되는 이미지의 기본 틀을 결정합니다.

- **작성 요령**: 단순하고 명확하게 대상이나 장면을 표현하세요.

> 예 a futuristic cityscape(미래적인 도시 풍경)
> a majestic dragon(웅장한 드래곤)

추가 세부 사항(Additional Details)

- **역할**: 주요 설명어를 보완하고 장면을 구체화합니다. 대상을 둘러싼 배경, 동작, 상황 등을 추가합니다.

- **작성 요령**: 단어나 구문으로 간결하게 표현하며, 쉼표(,)와 띄어쓰기로 구분합니다.

> 예 a futuristic cityscape, glowing neon lights, flying cars
> (미래 도시 풍경 + 빛나는 네온 조명 + 날으는 자동차)
> a majestic dragon, breathing fire, standing on a snowy mountain
> (웅장한 드래곤 + 불을 내뿜는 + 눈 덮인 산 위에 서있음)

스타일(Style of Mood Description)

- **역할**: 생성된 이미지의 분위기, 미학적 스타일, 또는 특정 예술적 표현 방식을 정의합니다.

- **작성 요령**: 원하는 스타일이나 감정을 표현하는 단어를 추가합니다.

> 예 in the style of Studio Ghibli
> (스튜디오 지브리 스타일)
> cyberpunk aesthetic
> (사이버펑크 미학)
> whimsical and dreamy
> (몽환적이고 동화 같은 분위기)

파라미터(Parameter)

- **역할**: 기술적인 세부 사항을 설정하여 이미지의 비율, 품질, 스타일 강도 등을 조정합니다.

- **작성 요령**: 항상 프롬프트의 마지막에 추가하며, 적절한 값으로 세부 조정을 합니다.

- **주요 파라미터와 예시**

· Aspect Ratio(--ar): 가로/세로 비율
  예 --ar 16:9(와이드), --ar 1:1(정사각형)
· Quality(--q): 이미지 품질
  예 --q 2(고품질)
· Stylize(--s): 스타일 강도
  예 --s 750(높은 스타일 강조)
· Seed(--seed): 이미지 반복 생성
  예 --seed 42(동일한 결과 생성)
· Version(--v): 미드저니 버전
  예 --v 5

이러한 구성 요소를 바탕으로 프롬프트를 효과적으로 디자인하기 위해서는 다음과 같은 규칙을 명심하고 작성해야 합니다.

첫째, 주요 설명어는 간결하게: 중심 대상을 명확히 전달합니다.
둘째, 세부 사항은 구체적이되 과도하지 않게: 핵심만 전달합니다.
셋째, 스타일 설명으로 독창성 추가: 특정 아티스트, 시대, 미학적 특징을 강조합니다.
넷째, 파라미터로 기술적 제어: 결과를 더욱 세밀하게 조정합니다.

2 | 프롬프트 문법 요소와 표현 기법

띄어쓰기

프롬프트를 입력할 때는 띄어쓰기에 주의해야 합니다. 미드저니는 띄어쓰기를 통해 각 단어를 독립적인 토큰으로 인식하기 때문입니다. 단어와 단어 사이, 파라미터 앞뒤, 쉼표와 괄호

뒤의 띄어쓰기는 다음과 같습니다.

- 단어와 단어 사이
  예 red √ apple
- 파라미터의 앞뒤
  예 √ - - ar √ 16:9
- 쉼표와 괄호 뒤(권장)
  예 beautiful, √ sunset, √ and √ ocean

실전 프롬프트에 응용한 예시는 다음과 같습니다.

예 /imagine √ a √ breathtaking √ sunset √ over √ a √ serene √ ocean √ (with √ soft √ golden √ light) √ - - ar √ 16:9 √ - - chaos √ 30 √ - - style √ raw

쉼표(,) – 요소 구분

쉼표는 프롬프트 문장에서 독립적인 요소를 구분하는 데 사용되며, 예시는 다음과 같습니다.

a futuristic city, glowing neon signs, flying cars, cyberpunk style

and & with – 요소 연결

접속사와 전치사를 활용하여 두 개 이상의 요소를 연결함으로써 복합적인 이미지를 생성할 수 있습니다. 또한, 전치사를 사용해 주요 대상과 세부 사항의 위치를 표현하여 더 구체적인 프롬프트를 만들 수 있습니다. 예시는 다음과 같습니다.

a forest with glowing mushrooms and sparkling streams
a castle on a hill, surrounded by clouds

3 | 프롬프트의 순서

프롬프트의 기본 구조를 유지하면서 중요도 순으로 원하는 이미지를 순차적으로 추가하는 것이 중요합니다. 먼저 생성하고자 하는 이미지를 정하고, 해당 이미지에 맞는 디테일한 설명을 추가한 후, 감각적인 분위기나 스타일 등을 조정하면 됩니다.

전체 주제: a majestic coastal cliff(웅장한 해안 절벽)

세부 묘사: crashing waves against the cliff(거친 파도가 부딪히는 절벽 위)

시각적 효과: cold moonlight illuminating the cliff(차가운 밤의 달빛이 절벽을 비추는 장면)

표현 기법: watercolor style(수채화 스타일)

파라미터: --ar 16:9 --chaos 20 --v 6

/imagine a majestic coastal cliff, crashing waves against the cliff, cold moonlight illuminating the cliff, watercolor style --ar 16:9 --chaos 20 --v 6

프롬프트
A majestic coastal cliff

A majestic coastal cliff, crashing waves against the cliff

A majestic coastal cliff, crashing waves against the cliff, cold moonlight illuminating the cliff

A majestic coastal cliff, crashing waves against the cliff, cold moonlight illuminating the cliff, watercolor style

A majestic coastal cliff, crashing waves against the cliff, cold moonlight illuminating the cliff, watercolor style --ar 16:9 --chaos 20 --v 6

4 | 프롬프트의 단어 표현

프롬프트에 사용되는 단어는 원하는 이미지를 정확히 얻는 데 중요한 역할을 하며, 구체적이고 시각적으로 명확한 정보를 제공하는 것이 좋습니다.

첫째, 추상적이고 모호한 단어보다는 시각적으로 명확한 정보를 전달하는 단어를 사용합니다.

(○) bright(밝은), harshly(거칠게), lantern(랜턴), watercolor(수채화)
(✕) amazing(놀라운), extremely very good(너무나도 매우 좋은), meaningful(의미 있는)

○ ┤프롬프트├
bright, harshly, lantern, watercolor

✕ ┤프롬프트├
extremely very good, lantern

둘째, 특정 숫자나 명확한 집합 명사를 사용합니다. 복수형 표현은 다양한 해석을 불러일으킬 수 있습니다.

집합 명사를 사용할 경우 특정 그룹의 특성을 강조할 수 있습니다. 예를 들어, 'clouds' 대신 'a cluster of clouds'를 사용하면 뭉쳐 있는 구름이 표현될 가능성이 높아집니다.

명확한 집합 명사 (○) five tall pine trees
복수형 표현   (✗) trees

5 │ 프롬프트의 문장 표현

원하는 이미지를 더 정확하게 얻으려면 움직임을 묘사하기보다는 고정된 상태를 묘사하는 것이 효과적입니다. 움직임을 표현하면 다양한 변수로 인해 결과가 달라질 수 있기 때문입니다. 따라서 움직이는 상황이라도 특정 순간을 포착해 고정된 장면으로 설명하면 원하는 결과를 얻을 확률이 높아집니다.

> 남자가 물속에서 수영하고 있다. ➡ 남자가 물속에서 편안하게 떠 있는 모습이다.
> 고양이가 쥐를 쫓아가고 있다. ➡ 고양이가 땅에 앉아 쥐를 주시하고 있다.
> 새가 하늘을 날아가고 있다. ➡ 새가 하늘 높이 날개를 펼치고 있다.

프롬프트

A man is swimming in the water.

프롬프트

A man is comfortably floating in the water.

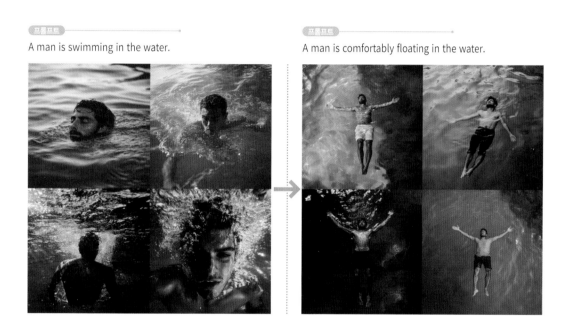

앞서 언급했듯이 간결하고 명확한 표현이 중요합니다. 대화체보다는 원하는 이미지에 대한 구체적인 설명을 하는 것이 좋습니다. 만약 미드저니 자체적으로 결과물의 자유도를 높이고 싶다면 그에 맞춰 설명을 불명확하게 입력하면 됩니다. 프롬프트는 짧거나 길 수 있지만, 사용하는 단어 수가 적을수록 각 단어의 영향력이 커지므로 프롬프트 길이에 따라 핵심 단어의 중요도를 고려해야 합니다.

또한, 이미지에서 원치 않는 요소를 제거하고 싶다면 해당 요소를 프롬프트에 언급하기보다는 끝에 '--no' 파라미터를 사용하는 것이 훨씬 효과적입니다.

Please remove the apple from the T-shirt the man is wearing.
➡ Man wearing a t-shirt --no apple

Please remove the apple from the T-shirt the man is wearing

Man wearing a t-shirt --no apple

실전 – 카테고리별 프롬프트 활용 예시

다음은 카테고리별로 다양한 스타일의 프롬프트 활용 예시입니다. 원하는 스타일이 있다면 이 예시들을 변형하여 자신만의 방식으로 응용할 수 있습니다.

Art Nouveau style poster

프롬프트

An elegant Art Nouveau style poster featuring a woman with flowing hair surrounded by intricate floral patterns, soft pastel tones, and golden accents, illuminated by warm, diffused light --ar 3:4 --v 6 --style raw

기타 활용 가능 키워드

Classical Art, Hellenism, Byzantine Art, Romanesque Art, Gothic Art, Early Renaissance, High Renaissance, Mannerism, Baroque, Rococo, Neoclassicism, Romanticism, Realism, Naturalism, Impressionism, Post-Impressionism...

App icon Design

A modern and minimalist app icon design for a tech company, featuring sleek geometric shapes, a futuristic font --v 6.0 --ar 1:1 --style raw

Graphic Design, Visual Communication Design, Web Design, UX/UI Design, Interaction Design, Motion Graphics Design, Branding Design, Packaging Design, Product Design, Industrial Design, Fashion Design, Textile Design...

Dark Forest

A dark and eerie forest with twisted, leafless trees, illuminated by faint moonlight filtering through thick fog, mysterious glowing orbs scattered around, and a shadowy figure in the distance --v 6.0 --ar 9:16 --style raw

기타 활용 가능 키워드

Romantic, Mysterious, Playful, Serene, Dramatic, Nostalgic, Whimsical, Eerie, Joyful, Calm, Tense, Uplifting, Haunting, Peaceful, Energetic, Dark, Dreamy, Futuristic, Rustic, Elegant, Abstract, Chaotic, Ethereal, Majestic, Gloomy, Adventurous, Sophisticated, Lush, Introspective, Spiritual, Quiet, Explosive, Vibrant, Cozy, Somber, Magical, Luxurious, Industrial, Surreal, Cinematic...

Village

프롬프트

A quaint medieval village nestled in a lush valley, with cobblestone streets, timber-framed cottages, smoke rising from chimneys, and warm lanterns glowing at dusk, surrounded by rolling green hills and a gentle stream running through --v 6.0 --ar 3:4 --style raw

기타 활용 가능 키워드

Forest, Desert, Beach, Mountain, Cave, Jungle, Valley, Island, City, Village, Castle, Ruins, Palace, Temple, Underwater World, Space Station, Moon Base, Alien Planet, Garden, Park, Library, Laboratory, Museum, Amusement Park, Marketplace, Train Station, Harbor, Ocean Floor, Volcano, Glacier, Cliffside, Sky City, Futuristic Metropolis, Suburban Neighborhood, Cabin in the Woods, Industrial Factory, Abandoned Warehouse, Fantasy Kingdom, Dungeon, Arena, Observatory, Lighthouse...

Wooden texture

프롬프트

A close-up of natural wooden textures, featuring detailed grain patterns, rough and uneven surfaces with subtle cracks, warm earthy tones, and soft diffused lighting enhancing the organic feel --v 6 --ar 1:1 --style raw

기타 활용 가능 키워드

Smooth, Rough, Metallic, Glossy, Matte, Textured, Polished, Brushed, Grainy, Coarse, Gritty, Silky, Velvety, Woolen, Stony, Cracked, Porous, Reflective, Translucent, Transparent, Frosted, Wrinkled, Embossed, Engraved, Rusty, Frayed, Iridescent, Shiny, Woven, Fibrous, Pebbled, Scaly, Sandy, Sleek, Spiky, Puffy, Tiled, Knitted, Patterned, Beaded...

Spray Painting

프롬프트

A vibrant spray painting mural on an urban wall, featuring bold abstract shapes, vivid colors blending seamlessly, and dynamic splatters of paint, with a gritty textured surface and subtle drips running down, illuminated by soft urban streetlights --v 6.0 --ar 3:4 --style raw

기타 활용 가능 키워드

Oil Painting, Watercolor, Acrylic Painting, Ink Wash, Charcoal Drawing, Pencil Sketch, Pastel Drawing, Digital Painting, Collage, Fresco, Mosaic, Impasto, Pointillism, Stained Glass, Etching, Engraving, Woodcut, Lithography, Screen Printing, Mixed Media, Abstract Expressionism, Pop Art Style, Cubism, Realism, Impressionism, Surrealism, Minimalist Art, Calligraphy, Wash Painting, Airbrushing, Line Art, Cross-Hatching, Block Printing, Typography Art...

Bird's-Eye View

프롬프트

A calm bird's-eye view of a solitary figure standing in a quiet cobblestone courtyard, surrounded by soft, warm lighting and gentle shadows, with a serene evening sky above --v 6.0 --ar 3:4 --style raw

기타 활용 가능 키워드

Symmetry, Centered Composition, Depth of Field, Negative Space, Dutch Angle, Over-the-Shoulder Shot, Close-Up, Extreme Close-Up, Medium Shot, Long Shot, Extreme Long Shot, Wide Shot, Overhead Shot, Low-Angle Shot, High-Angle Shot, Worm's-Eye View, Front View, Rear View, Side View, Left View, Right View, Top View, Bottom View, Eye-Level, Overhead Angle, Oblique Angle, Wide-Angle Lens, Telephoto Lens, Fisheye Lens, Macro Lens, Tilt-Shift Lens, Zoom Lens, Prime Lens, Cinematic Lens, Portrait Lens, Panoramic View...

Bunny Character

A fluffy, adorable anthropomorphic bunny character with soft, round features, oversized ears, and a cheerful expression, wearing a small pastel-colored scarf, standing in a meadow surrounded by blooming flowers, in a vibrant and whimsical Disney-style illustration --v 6.0 --ar 3:4 --style raw

Freckles, High Cheekbones, Almond-Shaped Eyes, Long Hair, Beard. Relaxed Pose, Arms Crossed, Looking Over Shoulder.Fantasy Armor, Cloak, Gloves, Boots, Crown. Realistic Style, Digital Painting, Black and White...

Floating in space

프롬프트

A man floating in space, with a dreamy expression, surrounded by glowing stars and vibrant nebulae, wearing a futuristic spacesuit with soft, flowing fabric accents, and gently reaching out towards a distant planet, illuminated by the soft glow of starlight --v 6.0 --ar 3:4 --style raw

기타 활용 가능 키워드

Running, Jumping, Walking, Sitting, Kneeling, Lying Down, Dancing, Climbing, Balancing, Spinning, Reaching, Pointing, Waving, Hugging, Holding an Object, Playing an Instrument, Reading a Book, Writing, Painting, Cooking, Eating, Drinking, Laughing, Crying, Yawning, Sleeping, Fighting, Battling, Casting a Spell, Flying, Swimming, Diving, Meditating, Praying, Celebrating, Building, Repairing, Gardening, Exploring, Looking Over Shoulder, Standing in the Rain...

Chevron pattern

A clean and minimalistic chevron pattern in 2D graphic style, featuring alternating bold and thin lines, arranged in a perfectly symmetrical, repeating design --v 6.0 --ar 1:1 --style raw

Stripes, Polka Dots, Chevron, Herringbone, Plaid, Gingham, Argyle, Floral, Paisley, Damask, Geometric, Abstract, Zigzag, Checkered, Spiral, Wavy, Starburst, Hexagonal, Circular, Gradient, Animal Print, Camouflage, Tartan, Tribal, Lattice, Scalloped, Diamond, Crosshatch, Mosaic, Grid, Leaves, Swirls, Kaleidoscope, Dotted Lines, Linear, Organic, Symmetrical, Asymmetrical...

CHAPTER 04

다양한 카테고리로 이미지 프롬프트를 작성하려면?

미드저니 프롬프트는 다양한 카테고리로 나누어 창의적인 이미지를 생성할 수 있는 유용한 도구입니다. 인물, 동물, 자연 등 각 카테고리별로 구체적인 요소를 설정하고, 조명과 렌즈 스타일을 조정해 정교하고 독창적인 이미지를 만들기 위한 프롬프트를 살펴봅니다.

미드저니 프롬프트는 매우 다양한 카테고리로 나눠 활용할 수 있어 창의적인 이미지 생성을 위한 유용한 도구입니다. 예를 들어, 인물 카테고리에서는 인물의 외모, 표정, 의상, 그리고 그들이 속한 상황이나 배경까지 구체적으로 설정할 수 있습니다. 동물 카테고리에서는 동물의 종류, 생김새, 특징적인 행동 등을 강조하여 개성 있는 이미지를 만들 수 있습니다. 자연 카테고리에서는 풍경, 식물, 날씨, 계절 변화 등을 상세히 묘사해 특정한 자연의 분위기를 시각적으로 재현할 수 있습니다.

또한, 조명과 렌즈 스타일을 설정하는 것도 중요한 요소입니다. 조명은 장면의 감정이나 분위기를 완전히 바꿀 수 있는 중요한 부분으로, 따뜻한 빛이나 차가운 빛의 사용에 따라 이미지 느낌이 크게 달라집니다. 렌즈 스타일을 통해서는 화각, 초점, 그리고 심도 등의 요소를 조절하여 이미지의 시각적 효과와 현실감을 더욱 풍부하게 표현할 수 있습니다.

이와 같이 카테고리별로 세분화된 접근 방식을 통하여 미드저니를 사용할 때 더 정교하고 독창적인 이미지를 생성할 수 있으며, 사용자는 자신의 상상력을 자유롭게 펼칠 수 있는 창의적인 가능성을 탐색할 수 있습니다.

인물 유형

인물 프롬프트는 주로 사람의 외모, 표정, 의상, 자세 등을 세부적으로 묘사하여 생성됩니다. 예를 들어, 다양한 연령대, 성별, 감정 등을 표현함으로써 더욱 다채로운 인물 이미지를 만들어낼 수 있습니다.

5살 귀여운 소녀

〔프롬프트〕

A 5-year-old cute girl riding a duck tube in a swimming pool

장난기 가득한 소년

〔프롬프트〕

Teenage boy, playful facial expression, riding a board in the park.Teenage boy, playful facial expression, riding a board in the park.

주근깨가 있는 15살 소녀

〔프롬프트〕

A 15-year-old girl, freckled face, with her chin on her back.

역동적인 축구선수

프롬프트

A highly active 30-year-old man, soccer player, and running on a soccer field.

행복한 표정의 여성

프롬프트

A woman in a wedding dress in her 30s, with a happy look on her face.

나이든 할머니와 할아버지

프롬프트

A 70-year-old couple is sitting on a park bench reading newspapers and books to each other.

조명 & 자연광 유형

조명과 자연광 프롬프트는 특정한 빛의 방향, 강도, 색온도 등을 강조하여 분위기를 조성합니다. 자연광을 활용한
촬영은 그늘과 빛의 대비를 강조하거나, 부드럽고 자연스러운 톤을 추구하는 데 유용합니다.

자연광

`프롬프트`

A man in his 20s standing on top of
the mountain, natural light

정오 햇빛

`프롬프트`

An 18-year-old woman listening
to music, park bench, noonpark.
Teenage boy, playful facial
expression, riding a board in the
park.

밤 조명

`프롬프트`

Man in between vehicle lights,
body image, night

블루 조명

20 Women's Guitarist On Stage,
Blue Lights

역광

Woman Takes Photographs at
Amusement Park, Backlight

스폿라이트

A woman playing the piano, the
spotlight

3 카메라 샷 유형

카메라 샷 프롬프트는 촬영 각도와 구도를 통해 이미지의 분위기와 이야기를 전달합니다. 이를 통해 초점이 맞춰진 피사체와 주변 요소들 간의 관계를 섬세하게 표현할 수 있습니다.

클로즈업 샷

> 프롬프트

The girl frowned with a playful look. Close-up shot

숄더 샷

> 프롬프트

Woman Holds Dog With Lovely Face, Shoulder ShotTeenage boy, playful facial expression, riding a board in the park.

바스트 샷

> 프롬프트

An ID photo of a flight attendant wearing an airline hat, bust shot

웨이스트 샷

프롬프트

Woman Running on Track, Waist
Shot

풀 샷

프롬프트

Men and Women Drinking Coffee
in Outdoor Cafes, Photorealistic,
Full Shot

와이드 샷

프롬프트

A skier coming down skiing, a wide
shot

ㄴ 동물 유형

동물 프롬프트는 동물의 종류, 표정, 행동 등을 세밀하게 묘사해 다양한 이미지를 창출합니다. 동물의 자연스러운 모습을 포착하거나, 상상력을 더해 특별한 장면을 만들어 보세요.

하와이안 셔츠를 입은 개

프롬프트

A dog in a Hawaiian shirt, wearing sun glasses, sitting by the beach.

누워있는 고양이

프롬프트

A cat lying in a drowsy pose, a sunny window

다양한 컬러의 카멜레온

프롬프트

Various colors of chameleons, between leaves.

남극 펭귄

Antarctic Penguins, Penguins in
Red Fur Hat

매머드 무리

Mammoth, the group of Mammoth,
who walk to the snowfield

곰

Bear eating bamboo leaves

카메라 시점 유형

카메라 시점 프롬프트는 촬영의 관점이나 시각적 위치를 정의하여 이미지의 느낌을 크게 바꿀 수 있습니다. 다양한
시점은 이미지의 몰입감을 높이고, 보는 사람에게 새로운 시각적 경험을 제공합니다.

1인칭 시점

프롬프트

Shooting game scene. First person'
s perspective

드론 샷

프롬프트

People walking in a row on the
road, drone shots

트래킹 샷

프롬프트

The back of a running soldier, a
trekking shot

하이앵글 샷

프롬프트

A girl looking up at the sky from under a tree, a high-angle shot

로우앵글 샷

프롬프트

Superman is standing tall. Low angle shot

아이레벨 샷

프롬프트

The man and woman talking at the table, Eye-level shot

렌즈 유형

렌즈 종류 프롬프트는 이미지의 왜곡과 깊이감을 조정해 원하는 효과를 만들어냅니다. 각기 다른 렌즈를 사용하면 넓은 시야를 확보하거나, 피사체를 압축하여 특정 부분을 강조하는 등 다양한 시각적 표현을 할 수 있습니다.

광각 렌즈

> 프롬프트

Top view of the mountain, wonderful clouds, wide view, wide-angle lens photo

마이크로 렌즈

> 프롬프트

A butterfly on a flower, a macro lens

어안 렌즈

> 프롬프트

A panoramic view of the soccer field, fisheye lens with a very wide angle of view

망원 렌즈

프롬프트

Front female upper body, clear character, blurred background, telephoto lens

일반 렌즈

프롬프트

Rainy morning park view, standard lens

렌즈 플레어

프롬프트

A girl who swings in the park, a lens flare

7 애니메이션 유형

프롬프트에서 애니메이션 스타일을 지정할 때는 원하는 애니메이션 유형을 명확하게 서술하는 것이 중요합니다. 다음은 대표적인 애니메이션 스타일과 이에 대한 프롬프트를 이용하여 이미지를 생성합니다.

셀 애니메이션

`프롬프트`

families are sitting on the sofa. Cell Animation

웹툰 애니메이션

`프롬프트`

A girl and a boy are walking hand in hand at the school. Webtoon style animation

디즈니 2D 애니메이션

`프롬프트`

The Prince of Beauty and the Lion Dancing in the Palace, Disney 2D Animation

클레이 애니메이션

Spacecraft Arrives on the Moon,
Dog Characters in Space suits, Clay
Animation

일본 애니메이션

Ninjas Are Dueling, Japanese 2D
Animation

3D 애니메이션

Spacecraft Arrives on the Moon,
Robots Next to You, 3D Animation
Style

색조 유형

색조 프롬프트는 시각적 균형을 맞추고, 주목도를 조절하며, 메시지의 전달력을 강화할 수 있습니다. 적절한 색조 선택은 강한 인상을 남기고, 시각적인 경험을 풍부하게 만들어 줍니다.

따뜻한 웜톤

`프롬프트`

A camping man, a wood fire next to a tent, a warm color tone

시원한 쿨톤

`프롬프트`

A paratrooper, a snow-covered mountain background, a cold color tone

네온 형광톤

`프롬프트`

A beer shop with people, Neon, Fluorescent Tones

내추럴 톤

Neutral colors, harmonious and
stable interior cafes, Neutral Tones

파스텔 톤

Sweet ice cream shop and clerk,
mint and lavender Pastel Tones

다크 톤

Dark streets in the city, passing
cars, standing men, Dark Tones

9 전경과 배경 유형

전경은 이미지나 장면에서 가장 가까운 부분으로, 주로 주요 대상이나 인물이 위치합니다. 배경은 전경 뒤에 위치하며, 분위기나 장소를 설정하고 전경을 돋보이게 하는 역할을 합니다. 전경과 배경 프롬프트를 이용하여 서로의 관계를 통해 장면의 깊이와 의미를 전달해 보세요.

숲속 배경의 노란 자동차

프롬프트

Silent forest in the background, yellow car in the foreground

보잉 비행기 앞의 승무원

프롬프트

The foreground is an aviator crew, the background is a Boeing 747

방송국 스튜디오 앞의 뉴스 앵커

프롬프트

The foreground is a news anchor, bust shot, background station news studio, photo-realistic

배경 없는 여군 프로필

프롬프트

Profile photo, the foreground is woman in 20s combat uniform, no background

도시 배경의 노란색 로봇

프롬프트

The background is a city, the foreground is a yellow humanoid robot

페인트가 벗겨진 벽면 앞의 여성

프롬프트

A woman wearing sunglasses in the foreground, a wall with paint peeled off in the background

10 게임 유형

게임 유형을 미드저니에서 표현할 때는 그래픽 스타일, 장르, 카메라 시점, 분위기 등을 명확하게 지정하는 게 중요합니다. 다음은 대표적인 게임 유형과 그에 맞는 프롬프트 예시입니다.

레이싱 게임

〔프롬프트〕

car racing scene, red sports car racing, racing game style

슈팅 게임

〔프롬프트〕

Shooting with a sniper rifle from a first-person perspective. Shooting game style

픽셀 게임

〔프롬프트〕

character walking in the garden, pixel game style

스포츠 게임

A soccer player is shooting the ball into the net. a sports game style

판타지 게임

medieval dragon and knight fighting, fantasy game style

3D 플랫폼 게임

3D racing game, big face, high saturation color, platform game

11 사진 스타일 유형

사진 스타일 프롬프트는 촬영 방식과 후처리 기법을 통해 특정 분위기를 연출합니다. 이런 스타일은 이미지의 감성적 요소를 돋보이게 하며, 원하는 느낌을 효과적으로 전달하는 데 도움을 줍니다.

흑백 사진

〔프롬프트〕

A boy who walks excitedly with baguette bread, black and white photo

패션 사진

〔프롬프트〕

A fashion shoot for a modern model, a magazine cover shoot, a fashion photo

세피아 사진

〔프롬프트〕

Streetscape, old car, sepia color tone in the 70s

다큐멘터리 사진

Camels in the African Desert,
merchants walking next to camels,
documentary photographs

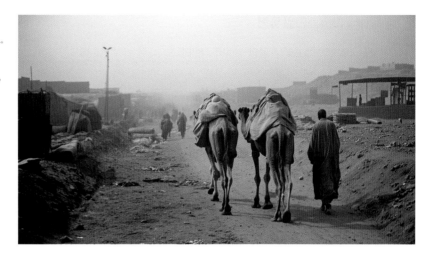

셀피 사진

A woman taking selfies at an
amusement park,

스튜디오 사진

The costume model posed in the
studio. Studio lights

12

미술 스타일 유형

미술 스타일 프롬프트는 특정 예술적 기법이나 시대를 반영하여 독특한 이미지를 창조합니다. 미술 스타일을 통해 이미지를 예술적으로 재구성하거나, 특정 시대와 기법을 반영한 창의적인 결과물을 얻을 수 있습니다.

2D 일러스트 스타일

프롬프트

Girls are having fun talking to each other in the classroom. 2D illust style

수채화 스타일

프롬프트

A boy and a dog playing on the lawn, a watercolor style

고전 아트 스타일

프롬프트

A portrait of a woman looking at an antique window, a style of classical art

팝아트 스타일

프롬프트

Charlie Chaplin's Self-Portrait, Pop
Art Style Like Andy Warhol Works

현대 미술 스타일

프롬프트

Men running, expressing speed,
simple colors, contemporary art
style

유화 스타일

프롬프트

The girl and duck watching the
pond, oil painting style

Part 03

이것만 알면
된다!
미드저니
핵심 기능

CHAPTER
01

이미지 혼합하기
_Blend

Blend 기능은 서로 다른 이미지를 결합하여 새로운 결과물을 생성하는 도구입니다. 이 기능을 통해 사용자는 두 가지 이상의 이미지를 섞어, 독창적인 디자인을 만들 수 있습니다. 텍스트 프롬프트와 함께 이미지를 업로드해 사용이 가능하며, 복잡한 비주얼을 생성하는 데 유용합니다. 이미지의 요소들을 유기적으로 결합하여 자연스러운 결과를 생성할 수 있는 Blend 기능에 대해 알아봅니다.

Blend 기능은 두 가지 이상의 아이디어나 요소를 통합해 새로운 이미지를 생성하는 데 도움을 주는 기능입니다. 이 기능을 사용하면 다양한 개념을 혼합하여 독창적인 결과물을 얻을 수 있습니다. 그림과 같이 2~5장의 이미지를 합성할 수 있으며, 이미지 파일은 최대 5장까지 업로드할 수 있습니다. 또한, 결과물의 디멘션 옵션을 선택하여 Portrait(2:3), Square(1:1), Landscape(3:2)의 세 가지 비율을 얻을 수 있습니다. 그러나 좋은 품질의 이미지를 얻기 위해서는 업로드하는 이미지들의 가로/세로 비율이 동일하게 일치하는 것이 좋습니다.

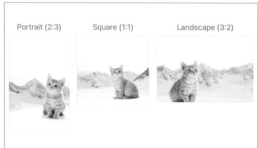

Blend를 활용하여 2, 3, 4개의 이미지를 순차적으로 적용했을 때, 다음과 같은 결과물이 만들어짐을 확인할 수 있습니다.

▲ 2개의 이미지 혼합

▲ 3개의 이미지 혼합

▲ 4개의 이미지 혼합

Blend를 활용하는 방법에는 다음과 같이 특정 물체의 배경을 변경하거나 객체를 조합하거나 스타일을 혼합하는 방법이 있습니다.

특정 물체의 배경 변경하기

특정 물체의 배경을 변경하는 기능은 Blend의 핵심 기능으로, 두 개의 이미지를 업로드하여 원하는 배경으로 변경할 수 있습니다. 객체가 강조된 이미지와 배경 이미지를 선택하면 원하는 결과물에 가까운 이미지를 생성할 수 있습니다.

▲ 개체 이미지 업로드   ▲ 배경 이미지 업로드   ▲ 배경이 변경된 이미지

객체 조합하기

객체를 조합할 때는 형태에 원하는 이미지를 적용하거나, 원하는 포즈에 이미지를 적용하는 방법이 있습니다. 차례대로 형태가 뚜렷한 이미지를 업로드한 후 그 형태에 적용할 이미지를 업로드하면 다음과 같은 결과를 얻을 수 있습니다.

▲ 형태 이미지 업로드   ▲ 배경 이미지 업로드   ▲ 객체가 조합된 이미지

차례대로 포즈가 뚜렷한 이미지를 업로드한 후 그 포즈에 적용할 이미지를 업로드하면 다음과 같은 결과를 얻을 수 있습니다.

▲ 포즈 이미지 업로드　　　　▲ 배경 이미지 업로드　　　　　　　　▲ 객체가 조합된 이미지

스타일 혼합하기

서로 다른 스타일을 혼합할 때 색상 팔레트와 텍스처를 조화롭게 맞추는 것이 중요합니다. 혼합할 스타일 중 하나에 초점을 맞추고, 다른 스타일은 강조하거나 보완하는 역할로 사용하면 원하는 이미지를 생성할 수 있습니다.

▲ 객체 이미지 업로드　　　　▲ 배경 이미지 업로드　　　　　　　　▲ 스타일이 혼합된 이미지

1 | 특정 물체의 배경 변경하기

Blend 명령어를 사용하여 두 개의 이미지를 합성하고, 특정 물체의 배경을 원하는 이미지로 변경하겠습니다.

01 프롬프트 창을 클릭한 후 '/b'를 입력하고 나타나는 메뉴에서 [/blend]를 선택합니다.

02 이미지는 2개에서 최대 5개까지 업로드할 수 있습니다. 처음에는 이미지 박스가 2개만 표시됩니다.

03 이미지를 추가하려면 〈더 보기〉 버튼을 클릭하고 image 3/4/5 옵션을 통해 이미지 박스를 추가할 수 있습니다.

04 이미지의 종횡비(가로: 세로 비율)를 결정하기 위해 [dimensions]를 선택합니다.

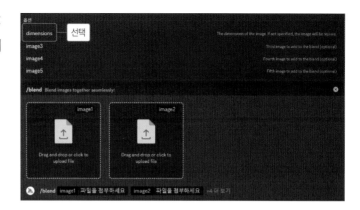

05 [dimensions]를 선택하면 Portrait (2:3), Square (1:1), Landscape (3:2)의 세 가지가 표시됩니다.

06 프롬프트 창을 클릭한 후 '/b'를 입력하고 나타나는 메뉴에서 [/blend]를 선택합니다.

07 '눈이 쌓인 산에 고양이가 있는 이미지'를 만들기 위해 이미지 박스에 '고양이' 객체 이미지와 '눈이 쌓인 산' 배경 이미지를 업로드하고 [Enter]를 누릅니다.

08 이미지 생성이 완료되어 '눈이 쌓인 산에 고양이가 있는 이미지'의 결과물 4개가 나타납니다. 생성된 이미지 결과물 중 두 번째 이미지를 선정하기 위하여 〈U2〉 버튼을 클릭하여 이미지를 업스케일합니다.

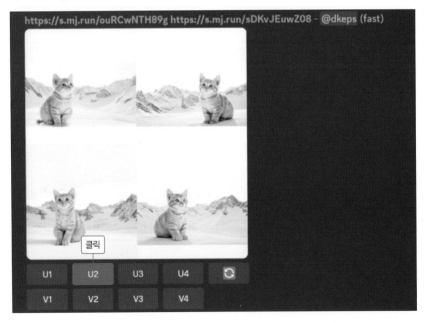

09 선택한 이미지 결과물이 나타납니다.

2 | 객체를 조합하여 이미지 생성하기_형태 강조

객체를 조합하여 이미지를 생성하는 방법에서 먼저 형태가 뚜렷한 이미지에 원하는 이미지를 적용하여 생성하겠습니다.

01 프롬프트 창을 클릭한 후 '/b'를 입력하고 메뉴에서 [/blend]를 선택합니다.

02 형태에 원하는 이미지를 적용하여 '사슴 캐릭터 차 인형'을 만들기 위해 이미지 박스에 '인형 차' 형태 이미지와 '사슴' 캐릭터 이미지를 업로드하고 [Enter]를 누릅니다.

03 이미지 생성이 완료되어 '사슴 캐릭터 차 인형'의 결과물 4개가 나타납니다. 생성된 이미지 결과물 중 네 번째 이미지를 선정하기 위하여 〈U4〉 버튼을 클릭하여 이미지를 업스케일합니다.

04 선택한 이미지 결과물이 나타납니다.

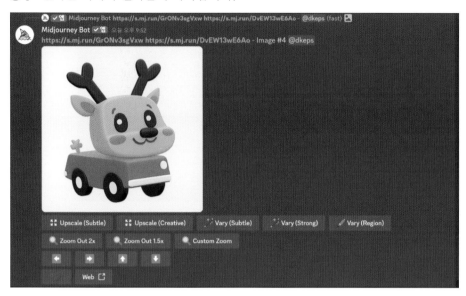

3 | 객체를 조합하여 이미지 생성하기_포즈 강조

객체를 조합하여 이미지를 생성하는 방법에서 원하는 포즈에 이미지를 적용하여 생성하겠습니다.

01 프롬프트 창을 클릭한 후 '/b'를 입력하고 메뉴에서 [/blend]를 선택합니다.

02 원하는 포즈에 이미지를 적용하여 '팔을 활짝 펴고 달리는 사자'를 만들기 위해 이미지 박스에 '팔을 활짝 펴고 달리는' 포즈 이미지와 '사자' 객체 이미지를 업로드하고 Enter를 누릅니다.

03 이미지 생성이 완료되어 '팔을 활짝 펴고 달리는 사자'의 결과물 4개가 나타납니다. 생성된 이미지 결과물 중 두 번째 이미지를 선정하기 위하여 〈U2〉 버튼을 클릭하여 이미지를 업스케일합니다.

04 선택한 이미지 결과물이 나타납니다.

4 | 스타일을 혼합하여 이미지 생성하기

Blend를 사용하여 스타일이 다른 이미지를 혼합하겠습니다.

01 프롬프트 창을 클릭한 후 '/b'를 입력하고 메뉴에서 [/blend]를 선택합니다.

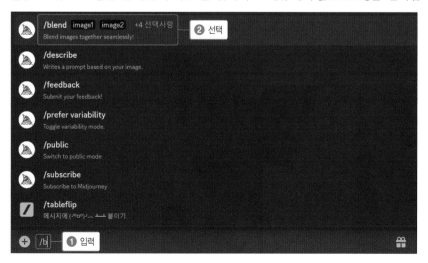

02 서로 다른 스타일을 혼합하여 '원하는 모델을 스포티한 무드'로 만들기 위해 이미지 박스에 '원하는 모델' 객체 이미지와 '스포티한 무드' 스타일 이미지를 업로드하고 [Enter]를 누릅니다.

03 이미지 생성이 완료되어 '원하는 모델을 스포티한 무드'로 만든 결과물 4개가 나타납니다. 생성된 이미지 결과물 중 두 번째 이미지를 신정하기 위하여 〈U2〉 버튼을 클릭하여 이미지를 업스케일합니다.

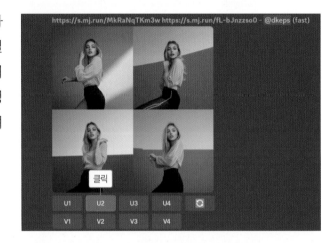

04 선택한 이미지 결과물이 나타납니다.

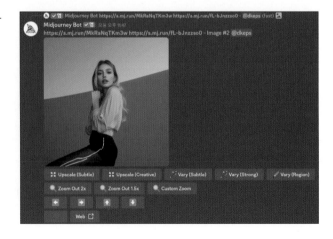

CHAPTER
02

이미지 정보를 추출하여
이미지 생성하기_Describe

Describe 기능은 이미지에 대한 설명을 자동으로 생성하는 도구입니다. 사용자가 업로드한 이미지를 분석하여, 그 이미지의 주요 특성, 스타일, 색상, 형태, 구성 등을 텍스트로 설명해줍니다. 이 기능은 사용자가 이미지를 빠르게 이해하거나 다른 작업을 위한 텍스트 기반 프롬프트를 생성하는 데 유용합니다.

Describe 기능은 AI 작업 시 레퍼런스 이미지의 프롬프트(내용, 스타일, 테마), 화면 비율 등이 궁금할 때 유용한 명령어입니다. 이미지를 업로드하거나 이미지 링크를 첨부해 이미지의 프롬프트를 추출할 수 있는 기능입니다. 좀 더 세부적으로 정리하면, 이미지를 설명하는 기능과 복잡한 이미지나 시나리오에서 정보를 추출하는 기능이 있습니다. 현재는 V5 이하의 프롬프트 방식으로 생성되며, V6의 프롬프트 방식은 개발 중에 있습니다.

이미지를 설명하는 기능은 이미지의 주요 요소, 색상, 구성, 비율 등을 설명하여 사용자가 이미지의 컨텍스트를 더 잘 이해할 수 있도록 돕습니다. 복잡한 이미지나 시나리오에서 정보를 추출하는 기능은 특히 대규모 이미지 데이터베이스를 관리하거나 특정 이미지 내 정보를 빠르게 파악해야 할 때 유용하게 사용할 수 있습니다.

Describe의 방법에는 이미지를 업로드하거나 이미지의 링크를 첨부하는 방법이 있습니다.

이미지 업로드

다른 사람의 이미지 프롬프트가 궁금할 때, 채팅창에서 /Describe image 옵션을 선택한 후 이미지 업로드 창을 열고 이미지를 업로드하면 됩니다. AI가 분석하여 네 가지 프롬프트와 화면 비율을 제공합니다. 추출된 명령어를 다시 프롬프트로 입력하면 원본 그림을 정확히 재현하기는 어렵지만, 유사한 느낌의 이미지를 생성할 수 있습니다. 만약 원본 이미지와 더 유사한 이미지를 얻고 싶다면 'seed'라는 더 적합한 명령어가 있으니 향후 학습해 보도록 합니다.

▲ 객체 이미지 업로드

이미지 링크 첨부

이미지 링크 첨부는 링크 옵션을 선택하고 이미지 URL을 복사해 붙여넣으면 됩니다. 링크를
생성하는 방법은 프롬프트 창 옆의 + 아이콘을 클릭하여 파일을 업로드한 후, 사진을 첨부
하고 [Enter]를 눌러 링크를 생성합니다. 생성된 링크를 describe 명령어 뒤에 붙여넣습니다.

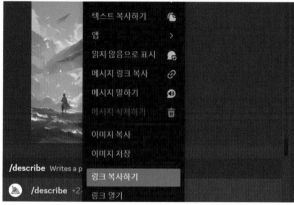

1 | 이미지를 업로드하여 프롬프트 및 이미지 생성하기

Describe 명령어를 사용해 이미지를 업로드하고 프롬프트를 받아본 후, 이를 다시 입력하여 새로운 이미지를 생성하겠습니다.

01 프롬프트 창을 클릭한 후 '/b'를 입력하고 메뉴에서 [/describe]를 선택합니다.

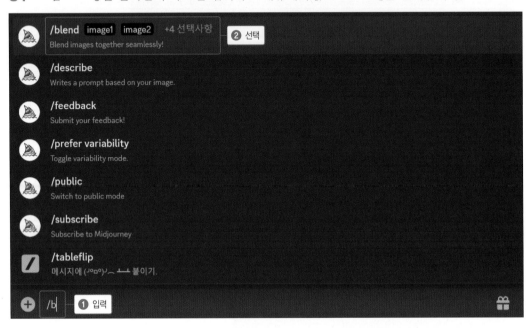

02 이미지를 업로드하여 분석하기 위해 [image]를 선택합니다.

03 분석할 이미지를 업로드하고 [Enter]를 누릅니다.

04 AI가 업로드한 이미지를 분석하고 프롬프트 4개를 제공합니다.

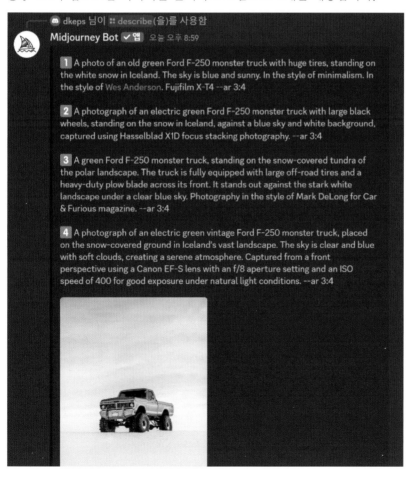

05 원하는 프롬프트를 확인하고 싶다면 〈1〉, 〈2〉, 〈3〉, 〈4〉 각각의 버튼을 클릭할 수 있습니다. 전체 이미지를 확인하려면 〈Imagine all〉 버튼을 클릭합니다. 여기서는 2번 프롬프트를 확인하고 싶어 〈2〉 버튼을 클릭합니다.

06 이미지 생성이 완료되어 2번 프롬프트의 결과물 4개가 나타납니다.

◆ --ar 3:4로 설정된 이유는 따로 지정하지 않으면 기존의 이미지를 분석한 비율을 그대로 사용하기 때문입니다.

프롬프트

A photograph of an electric green Ford F-250 monster truck with large black wheels, standing on the snow in Iceland, against a blue sky and white background, captured using Hasselblad X1D focus stacking photography. --ar 3:4

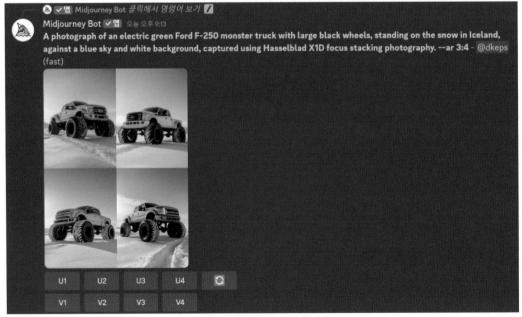

프롬프트

A photo of an old green Ford F-250 monster truck with huge tires, standing on the white snow in Iceland. The sky is blue and sunny. In the style of minimalism. In the style of Wes Anderson. Fujifilm X-T4 --ar 3:4

프롬프트

A photograph of an electric green Ford F-250 monster truck with large black wheels, standing on the snow in Iceland, against a blue sky and white background, captured using Hasselblad X1D focus stacking photography. --ar 3:4

3

프롬프트

A green Ford F-250 monster truck, standing on the snow-covered tundra of the polar landscape. The truck is fully equipped with large off-road tires and a heavy-duty plow blade across its front. It stands out against the stark white landscape under a clear blue sky. Photography in the style of Mark DeLong for Car & Furious magazine. --ar 3:4

4

프롬프트

A photograph of an electric green vintage Ford F-250 monster truck, placed on the snow-covered ground in Iceland's vast landscape. The sky is clear and blue with soft clouds, creating a serene atmosphere. Captured from a front perspective using a Canon EF-S lens with an f/8 aperture setting and an ISO speed of 400 for good exposure under natural light conditions. --ar 3:4

2 | 이미지 링크를 첨부하여 프롬프트 및 이미지 생성하기

Describe 명령어를 사용하여 이미지 링크를 첨부하고 프롬프트를 받아본 후, 이를 다시 입력하여 새로운 이미지를 생성하겠습니다.

01 이미지의 링크를 만들기 위해 + 아이콘을 클릭하고 [파일 업로드]를 선택하여 이미지를 업로드합니다. Enter를 눌러 이미지를 업로드합니다.

02 이미지에서 마우스 오른쪽 버튼을 클릭하고 메뉴에서 [링크 복사하기]를 선택해 링크를 복사합니다.

◆ 해당 방식이 아닌, 웹 브라우저에서 복사한 이미지 주소도 사용할 수 있습니다.

03 프롬프트 창을 클릭한 후 '/b'를 입력하고 메뉴에서 [/describe]를 선택합니다.

04 이미지를 업로드하여 분석하기 위해 [link]를 선택합니다.

05 복사한 이미지 링크를 붙여넣고 Enter를 누릅니다.

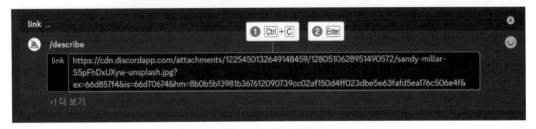

06 AI가 업로드한 이미지를 분석하고 프롬프트 4개를 제공합니다.

07 원하는 프롬프트를 확인하고 싶다면 〈1〉, 〈2〉, 〈3〉, 〈4〉 각각의 버튼을 클릭할 수 있습니다. 전체 이미지를 확인하고 싶다면 〈Imagine all〉 버튼을 클릭합니다. 여기서는 3번 프롬프트를 확인하고 싶어 〈3〉 버튼을 클릭합니다.

08 이미지 생성이 완료되어 3번 프롬프트의 결과물 4개가 나타납니다.

◆ --ar 128:85로 설정된 이유는 따로 지정하지 않으면 기존 이미지를 분석한 비율을 그대로 사용하기 때문입니다.

프롬프트

A cute teddy bear with a red ribbon sitting on a table, in a plush toy style, with a soft and fluffy texture, captured in natural daylight, as a product photography shot. --ar 128:85

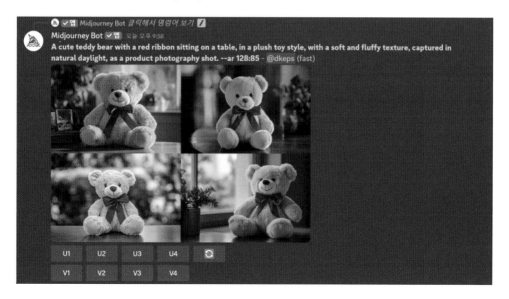

1

A cute teddy bear with a red ribbon sits on a table, in a close-up photo of the adorable plush toy in a store. The beige, plush teddy bear is a gift for children or a Valentine's Day present, isolated against a blurred background. --ar 128:85

2

Cute beige teddy bear with a red ribbon sitting on a table, with the background out of focus and blurry. --ar 128:85

③ 프롬프트

A cute teddy bear with a red ribbon sits on a table, in a close-up photo of the adorable plush toy in a store. The beige, plush teddy bear is a gift for children or a Valentine's Day present, isolated against a blurred background. --ar 128:85

④ 프롬프트

A cute teddy bear with a red ribbon sitting on a table, close-up shot, stock photo, background blurred. --ar 128:85

CHAPTER
03

이미지 생성 설정하기
_Settings

Settings 기능은 사용자가 계정, 구독, 이미지 생성, 알림, 보안, 지원 등을 관리할 수 있게 해줍니다. 주로 이미지 생성 파라미터의 기본값을 설정하며, 버튼 형식으로 간편하게 속도나 기본 설정을 조정할 수 있습니다.

Settings 기능은 사용자가 자신의 계정 설정, 구독 관리, 이미지 생성 설정, 알림 설정, 보안 설정, 지원 및 도움말, 구독 정보 등을 관리할 수 있게 합니다. 일반적으로 이미지 생성에서 파라미터의 기본값을 설정하는 데 사용되며, 미드저니의 명령어는 버튼 형식으로 클릭해 기본적인 파라미터나 속도 등의 편리한 기능을 설정할 수 있습니다. 녹색은 활성화, 회색은 비활성화 상태를 나타냅니다. 사용하는 방법은 미드저니 프롬프트에 '/settings' 명령어를 입력하면 다음과 같은 설정창을 불러올 수 있습니다.

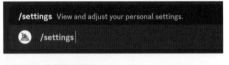

▲ '/settings' 명령어 입력

▲ 녹색: 활성화, 회색: 비활성화

이미지 생성에 영향을 미치는 가장 큰 기능은 버전 변경, RAW Mode, Style Mode 3가지로 설명할 수 있습니다.

1 | 버전 변경

미드저니는 다양한 모델 버전을 제공합니다. 일반적으로 모델 버전이 높을수록 프롬프트를 더 잘 이해해 사용자가 원하는 이미지를 생성할 수 있습니다.

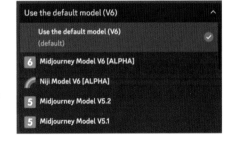

미드저니 V5.2와 V6의 차이점은 텍스트 가독성, 사람의 특징 묘사 정확도, 자연광 효과 업그레이드, 이미지 구도 등이 개선되었다는 점입니다. 다음의 표와 그림에서 버전별 특징과 생성된 이미지를 확인할 수 있습니다.

버전	파라미터 프롬프트	버튼 이름	특징
모델 버전 1	--v 1, --version 1	**1 Midjourney Model V1** Midjourney Model V1	기본 이미지 생성 모델, 창의적이지만 디테일 부족
모델 버전 2	--v 2, --version 2	**2 Midjourney Model V2** Midjourney Model V2	생물과 장소, 물체에 대한 지식이 강화된 모델로 정확도 향상
모델 버전 3	--v 3, --version 3	**3 Midjourney Model V3** Midjourney Model V3	예술적 감각이 뛰어나며, 더 정교한 이미지 생성 가능

버전	파라미터 프롬프트	버튼 이름	특징
모델 버전 4	--v 4, --version 4	**4 Midjourney Model V4** Midjourney Model V4	방대한 학습을 통해 프롬프트 해석력과 디테일 더욱 향상
니지 모델 버전 4	--niji 4	**Niji Model V4** Niji Model V4	애니메이션 및 만화 스타일에 특화된 모델로, 캐릭터 표현과 일러스트에서 뛰어남
모델 버전 5	--v 5, --version 5	**5 Midjourney Model V5.0** Midjourney Model V5.0	긴 프롬프트도 처리 가능하며, 예술적 감각과 표현력이 탁월
니지 모델 버전 5	--niji 5	**Niji Model V5** Niji Model V5	애니메이션 스타일에서 더욱 향상된 퀄리티와 정교함 제공. 캐릭터와 색감이 뛰어남
모델 버전 5.1	--v 5.1, --version 5.1	**5 Midjourney Model V5.1** Midjourney Model V5.1	간단한 프롬프트로도 이미지 생성이 쉽고 일관성 있는 결과물 제공
모델 버전 5.2	--v 5.2, --version 5.2	**5 Midjourney Model V5.2** Midjourney Model V5.2	색상과 구성에서 매우 뛰어나며, 선명하고 상세한 결과물 생성
니지 모델 버전 6	--niji 6	**Niji Model V6 [ALPHA]** Niji Model V6 [ALPHA]	실험적인 알파 버전으로, 더 정교한 애니메이션 스타일 이미지 생성 가능. 새로운 기술 및 스타일 적용
모델 버전 6.0	--v 6, --version 6	**6 Midjourney Model V6.0** Midjourney Model V6.0	창의력과 사실성이 동시에 향상된 모델. 더 나은 프롬프트 해석 능력과 디테일 표현 가능
모델 버전 6.1	--v 6.1, --version 6.1	**6 Midjourney Model V6.1** Midjourney Model V6.1	V6.0의 기능을 더욱 정교화하여 빠르고 정확한 이미지 생성과 일관성 제공

dragon

모델 버전 1 ▶

모델 버전 2 ▶

모델 버전 3 ▶

모델 버전 4 ▶

166

프롬프트

dragon

니지 모델 버전 4 ▶

모델 버전 5 ▶

니지 모델 버전 5 ▶

모델 버전 5.1 ▶

168

버전별 생성 이미지

프롬프트

dragon

모델 버전 5.2 ▶

니지 모델 버전 6 ▶

모델 버전 6.0 ▶

모델 버전 6.1 ▶

2 | RAW Mode

RAW Mode는 사용자가 AI의 해석을 최소화하고, 더 제어할 수 있고 예측할 수 있는 이미지 생성 결과를 원할 때 매우 중요한 도구입니다. 사용자가 입력한 원시 텍스트를 기반으로 직접적인 시각적 결과물을 생성하므로 내용의 원형을 유지하면서 미니멀하고 고유한 이미지를 생성할 수 있습니다.

이 기능은 V5.1 이상에서만 사용할 수 있으며, RAW Mode를 선택하면 프롬프트 작성 시 매번 파라미터에 '--style raw'를 입력할 필요 없이 자동으로 적용됩니다.

RAW Mode(on)

ㅡ 프롬프트 ㅡ

A blue crystal cat --style raw

RAW Mode(off)

ㅡ 프롬프트 ㅡ

A blue crystal cat

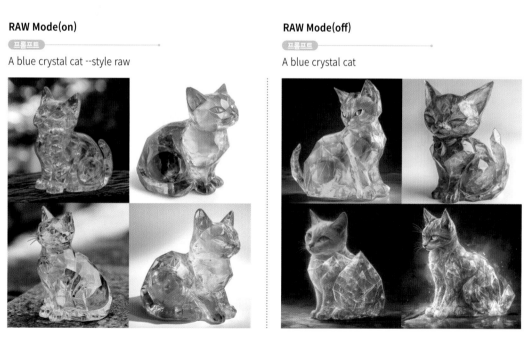

3 | Stylize Mode

스타일화 파라미터는 사용자가 입력한 프롬프트의 예술적인 표현 정도를 조정할 수 있습니다. 표현의 정도는 low, med, high, very high의 4가지로 설정할 수 있으며, 각 수준의 값은 다음과 같습니다. 숫자가 클수록 프롬프트의 연관성은 낮아지고, 예술성은 높아집니다.

버튼 이름	파라미터 프롬프트	특징
Stylize low stylize low	- -s 50, - -stylize 50	스타일링이 거의 없으며, 프롬프트에 충실한 결과 생성
Stylize med stylize med	- -s 100, - -stylize 100	적당한 수준의 스타일링 적용
Stylize high stylize high	- -s 250, - -stylize 250	미드저니의 예술적 감각이 더 많이 반영
Stylize very high stylize very high	- -s 750, - -stylize 750	매우 강력한 스타일링이 적용되어 프롬프트보다 미드저니의 해석을 우선시

TIP 스타일화 사용시 팁

❶ 너무 높은 값은 프롬프트의 반영률을 낮출 수 있음.
  • - -S 800~1000을 사용하면 프롬프트의 의미보다 미드저니의 자체적 스타일링이 강하게 적용
  • 원하는 디테일을 유지하려면 높은 값을 피하기
❷ 세부 묘사가 중요한 이미지에서는 낮게 설정하기
  • 기술적 도면, 제품 디자인, 정확한 형태가 필요한 경우 - -S 50~200정도로 설정
❸ 다른 파라미터와 함께 조절하기
  • - -s 값이 높을수록 - -q(품질) 값을 적절히 조정해야 균형 잡힌 결과가 도출
    ex) - -s 800로 설정할 경우 - -q 2 이상으로 적용하면 스타일이 과장될 수 있음.
  • 이미 강한 스타일을 갖춘 키워드(watercolor, baroque, steampunk 등)와 함께 쓰면 이미지 결과가 과도하게 왜곡될 수 있음

A ballet cat, Art Nouveau

stylize low

stylize med

stylize high

stylize very high

4 | Quality Mode

퀄리티 모드 옵션을 조정하여 이미지 생성에 소요되는 시간을 조절할 수 있습니다. 퀄리티를 조절하는 옵션은 0.25, 0.5, 1.0, 2.0의 총 4가지가 있으며, 이를 통해 퀄리티를 낮추고 속도를 빠르게 하거나, 퀄리티를 높이고 속도를 조금 낮출 수 있습니다. 이 조정은 해상도에는 영향을 미치지 않습니다.

버튼 이름	파라미터 프롬프트	특징
low qulality	--q 0.25, --quality 0.25	퀄리티 25% 감소, 속도 4배 증가
Half quality	--q 0.5, --quality 0.5	퀄리티 50% 감소, 속도 2배 증가
Base quality	--q 1, --quality 1	기본값
High quality(2x cost)	--q 2, --qulality 2	퀄리티 50% 감소, 속도 2배 증가

퀄리티 옵션을 조절하는 방법은 q1을 기본 상태로 설정한 후, 이미지 설명에 쉼표를 넣고 명령어 옵션을 입력하는 방식입니다.

프롬프트창에 '/settings'를 입력하면 여러 가지 옵션을 설정 및 고정할 수 있는 옵션이 표시됩니다. 원하는 옵션 버튼을 클릭하면 선택한 값이 계속 고정됩니다. 만약 정상 퀄리티로 만들고 싶다면 버튼을 클릭하여 비활성화하고 다른 옵션을 선택하거나, 매번 '--q1', '--q2' 명령을 입력해 퀄리티를 높일 수 있습니다.

```
/imagine prompt⟨이미지 설명⟩, ⟨--q1⟩
```

A dog wearing a space suit on the moon

--q 0.5

--q 1

--q 2

5 | Public Mode

퍼블릭 모드는 사용자가 생성한 이미지를 공개적으로 공유할 수 있는 설정을 의미합니다. 이 모드를 사용하면 사용자 간의 연결 고리 역할을 하며, 커뮤니티의 일원으로 활동하고 다른 사람들과 논의하거나 평가받을 수 있습니다. 그러나 개인정보 보호에 주의해야 하며, 저작권이나 지적 재산권 문제를 유발할 수 있으므로 모든 콘텐츠가 적절하게 사용되고 공유되는지 확인해야 합니다.

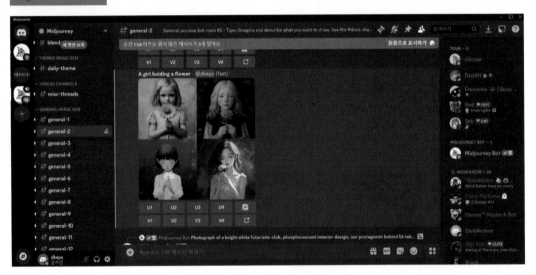

6 | Stealth Mode

스텔스 모드는 생성된 이미지가 미드저니 midjourney.com에서 보이지 않도록 하는 설정입니다. 프로 및 메가 요금제에서 이 스텔스 모드를 사용할 수 있습니다. 그러나 공개 채널에서 생성된 이미지는 스텔스 모드를 활성화해도 다른 사용자가 볼 수 있으므로 다이렉트 메시지나 개인 디스코드 서버에서 이미지를 생성해야 합니다.

Stealth Mode로 전환하기 1

디스코드에서 '/settings' 명령을 사용합니다.

01 프롬프트 창을 클릭한 후 '/s'를 입력하고 메뉴에서 [/settings]를 선택합니다.

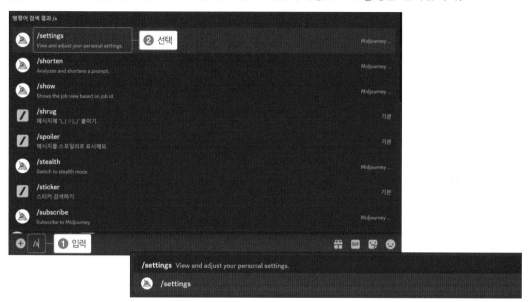

02 설정 화면에서 활성화된 〈Public mode〉 버튼을 클릭하여 비활성화합니다.

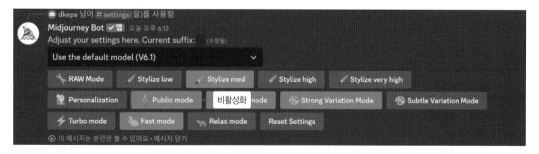

03 Midjourney Bot으로부터 Stealth 모드가 적용되었음을 알리는 메시지가 도착합니다.

Stealth Mode로 전환하기 2

01 프롬프트 창을 클릭한 후 '/s'를 입력하고 메뉴에서 [/stealth]를 선택합니다.

02 Midjourney Bot으로부터 Stealth 모드가 적용되었음을 알리는 메시지가 도착합니다.

'/Settings' 명령을 사용하여 설정을 조정할 수 있습니다. 〈Public mode〉 버튼을 클릭하여 스텔스 모드와 공개 모드 간 전환할 수 있습니다.

버튼이 녹색이면 공개 모드로 이미지를 생성하는 것이고, 버튼이 회색이면 스텔스 모드로 이미지를 생성하는 것입니다. 이미지를 선택한 후 웹에서 게시를 해제할 수 있습니다.

Lightbox 모드에서 이미지 중 하나를 볼 때, 미드저니 웹사이트에서 이미지를 게시 해제하려면 이미지 옆에 있는 ... 아이콘을 클릭한 후 [Unpublish]를 선택합니다.

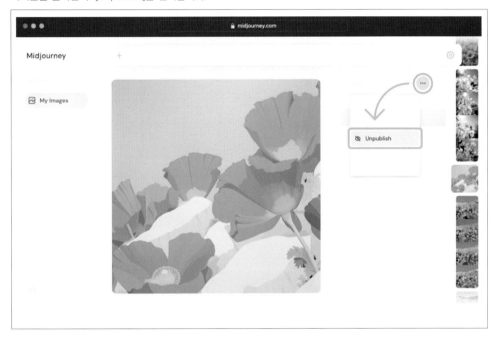

7 | Remix mode

리믹스 모드는 이미지 수정과 프롬프트 및 파라미터의 일부 수정을 위한 기능입니다. 전체 이미지를 변경하기보다는 최초 이미지를 생성한 후, 일관성을 유지하면서 다양한 변형을 주고 싶을 때 유용합니다. 기존 이미지를 유지하면서 시각적으로 풍부한 이미지를 생성할 수 있습니다.

생성 이미지

프롬프트

A girl holding a flower, photorealistic

리믹스 모드 활성화
- 프롬프트 변경(vary 적용)

생성 이미지

Vary (strong) 또는 Vary (Subtle) 사용

프롬프트

A girl holding a Basket, photorealistic

리믹스 모드를 사용하는 방법은 두 가지입니다. 첫째, 프롬프트 창에 '/settings'를 입력하고 생성된 창에서 〈Remix mode〉 버튼을 클릭하여 활성화합니다. 둘째, 프롬프트 창에 'prefer remix'를 입력하여 리믹스 모드를 활성화할 수 있습니다.

Remix mode 활성화 방법

방법 1: Remix mode 버튼을 클릭하여 활성화하기

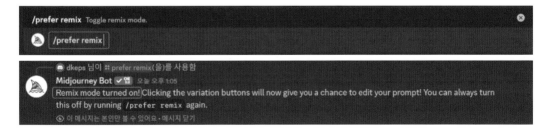

방법 2: /prefer remix 입력하기

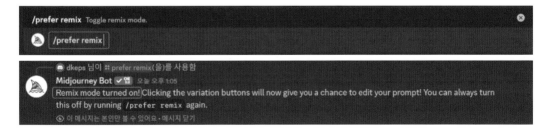

생성 이미지

A man with a cat, photorealistic

파라미터 변경
niji 5

생성 이미지

Vary (strong) 또는 Vary (Subtle) 사용

A man with a cat --niji 5

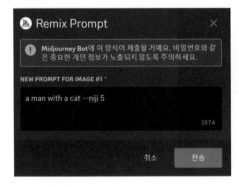

생성 이미지

A dancing boy, photorealistic

파라미터 변경
Aspect Ratio

생성 이미지

Vary (strong) 또는 Vary (Subtle) 사용

A dancing boy, photorealistic --ar 3:4

8 | Remix mode를 활용하여 이미지 수정하기

Remix mode를 이해하기 위해, 앞서 Remix 적용 예시처럼 원본 이미지에 vary 명령어와 파라미터 변경(스타일과 비율)을 순차적으로 적용하겠습니다.

들고있는 물건 바꾸기

01 프롬프트 창을 클릭한 후 '/i'를 입력하고 메뉴에서 [/imagine]을 선택합니다.

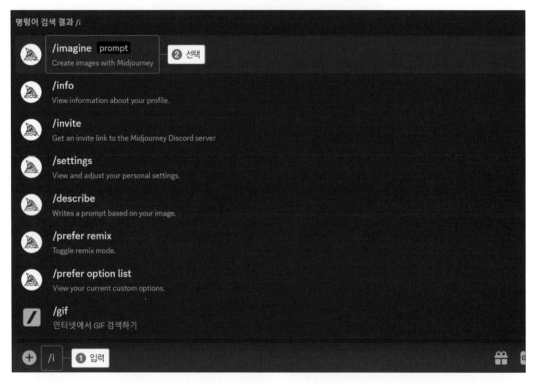

02 프롬프트 창에 'A girl holding a flower, photorealistic'을 입력하고 Enter를 누릅니다.

03 이미지 생성이 완료되어 결과
물 4개가 나타납니다.

04 두 번째 이미지를 선정하기
위해 〈U2〉 버튼을 클릭하여 이미
지를 업스케일합니다.

05 이미지에서 소녀가 들고 있는 꽃을 바구니로 바꾸기 위해 〈Vary (Strong)〉 버튼을 클릭합니다.

06 Remix Prompt 창이 표시되면 프롬프트를 'A girl holding a basket, photorealistic'로 수정한 다음 〈전송〉 버튼을 클릭합니다.

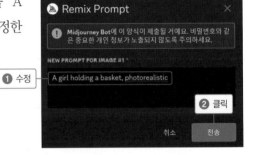

07 이미지 생성이 완료되어 결과물 4개가 나타납니다.

08 네 번째 이미지를 선정하기 위해 〈U4〉 버튼을 클릭하여 이미지를 업스케일합니다.

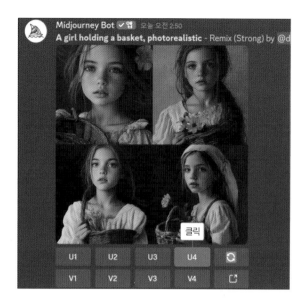

실사풍 이미지를 애니풍으로 바꾸기

01 프롬프트 창을 클릭한 후 '/i'를 입력하고 메뉴에서 [/imagine]을 선택합니다.

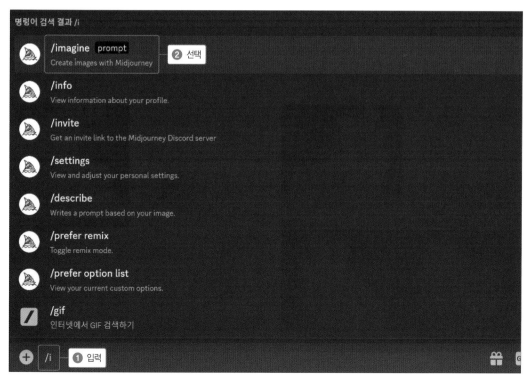

02 프롬프트 창에 'a man with a cat, photorealistic'을 입력하고 ⌨Enter⌨를 누릅니다.

03 이미지 생성이 완료되어 결과
물 4개가 나타납니다.

04 네 번째 이미지를 선정하기 위
해 〈U4〉 버튼을 클릭하여 이미지를
업스케일합니다.

05 이미지를 애니메이션풍으로 바꾸기 위하여 〈Vary (Strong)〉 버튼을 클릭합니다.

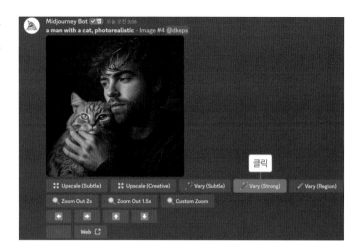

06 Remix Prompt 창이 표시되면 프롬프트를 'a man with a cat --niji 5'로 수정한 다음 〈전송〉 버튼을 클릭합니다.

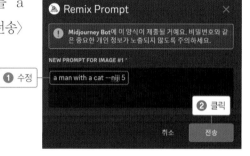

07 이미지 생성이 완료되어 결과물 4개가 나타납니다.

08 첫 번째 이미지를 선정하기 위해 〈U1〉 버튼을 클릭하여 이미지를 업스케일합니다.

이미지의 비율 바꾸기

01 프롬프트 창을 클릭한 후 '/i'를 입력하고 메뉴에서 [/imagine]을 선택합니다.

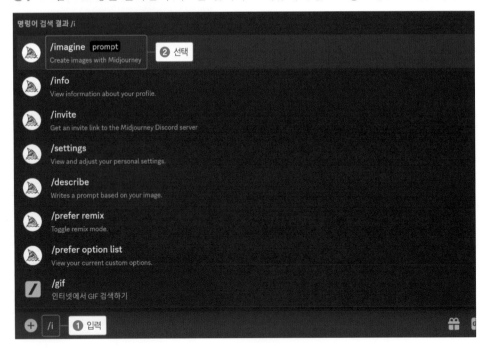

02 프롬프트 창에 'a dancing boy, photorealistic'을 입력하고 Enter를 누릅니다.

03 이미지 생성이 완료되어 결과물 4개가 나타납니다.

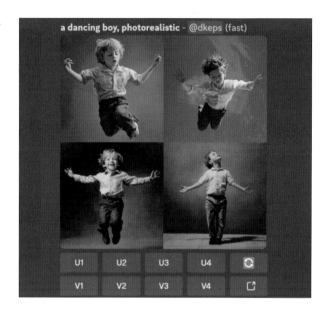

04 첫 번째 이미지를 선정하기 위해 〈U1〉 버튼을 클릭하여 이미지를 업스케일합니다.

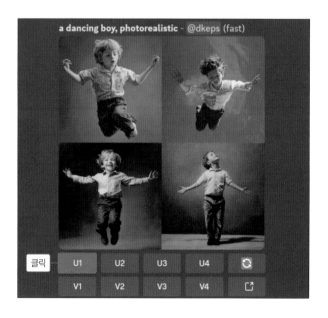

05 이미지의 비율을 바꾸기 위해 〈Vary (Strong)〉 버튼을 클릭합니다.

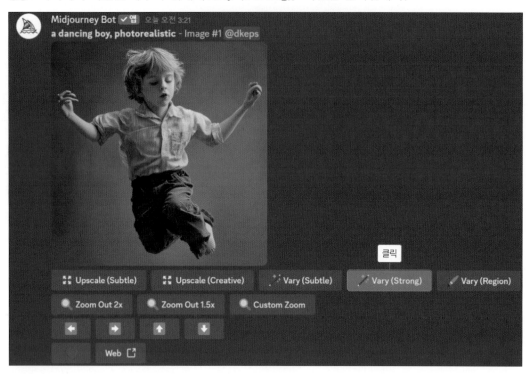

06 Remix Prompt 창이 표시되면 프롬프트를 'dancing boy, photorealistic --ar 3:4'로 수정하고 〈전송〉 버튼을 클릭합니다.

07 이미지 생성이 완료되어
결과물 4개가 나타납니다.

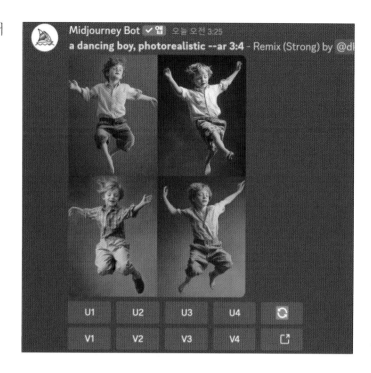

08 세 번째 이미지를 선정하
기 위해 〈U3〉 버튼을 클릭하
여 이미지를 업스케일합니다.

CHAPTER
04

프롬프트를 효과적으로 줄이기_Shorten

Shorten 기능은 긴 프롬프트를 분석하고, 더 간결하면서도 효과적인 키워드를 추천해 주는 기능입니다. 이를 통해 중복되거나 불필요한 단어를 제거하고, AI가 더 정확하게 이해할 수 있도록 프롬프트를 최적화할 수 있습니다.

Shorten 기능은 입력된 긴 프롬프트를 분석하여 최적화하는 역할을 합니다. 이를 활용하면 프롬프트를 더욱 효율적으로 사용할 수 있으며, 프롬프트의 생성, 패턴, 실행 방식에 대한 이해를 높일 수 있습니다. 또한, 이 기능을 통해 프롬프트에서 가장 중요한 단어와 생략 가능한 단어를 파악할 수 있습니다. Shorten을 활용하는 방법은 기존에 원하는 이미지의 프롬프트를 입력한 후, /shorten 명령어를 사용하면 됩니다. 기본적으로 1:1 비율로 출력되지만, 다른 비율이 필요할 경우 직접 변경해야 합니다. 비율을 조정하려면 --ar (비율) 파라미터를 사용하여 원하는 비율로 다시 설정할 수 있습니다.

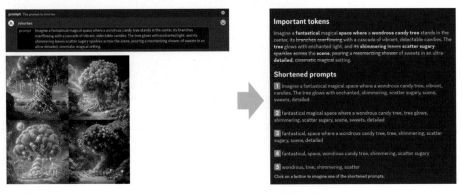

▲ 프롬프트 입력   ▲ 짧아진 프롬프트

상상해봐, 환상적이고 마법 같은 공간에서 경이로운 사탕 나무, 생동감 있는, 사탕들. 그 나무는 마법에 걸린 듯 빛나며, 반짝이는, 흩뿌려진 설탕 같은, 장면, 사탕, 세밀하게

Imagine a fantastical magical space where a wondrous candy tree, vibrant, candies. The tree glows with enchanted, shimmering, scatter sugary, scene, sweets, detailed

2 〔프롬프트〕

환상적이고 마법 같은 공간에서 경이로운 사탕 나무, 나무 빛남, 반짝이는, 흩뿌려진 설탕, 장면, 사탕, 세밀하게
fantastical magical space where a wondrous candy tree, tree glows, shimmering, scatter sugary, scene, sweets, detailed

3 프롬프트

환상적, 공간에서 경이로운 사탕 나무, 나무, 반짝이는, 흩뿌려진 설탕, 장면, 세밀하게
fantastical, space where a wondrous candy tree, tree, shimmering, scatter sugary, scene, detailed

④ 프롬프트

환상적, 공간, 경이로운 사탕 나무, 반짝이는, 흩뿌려진 설탕

fantastical, space, wondrous candy tree, shimmering, scatter sugary

5 프롬프트

경이로운, 나무, 반짝이는, 흩뿌리는
wondrous, tree, shimmering, scatter

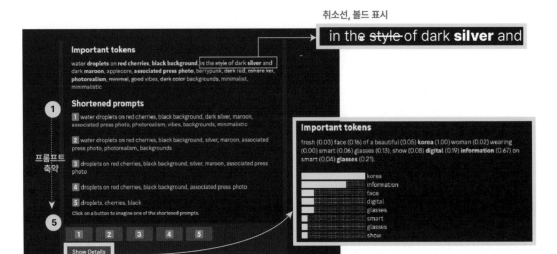

취소선, 볼드 표시

in the ~~style~~ of dark **silver** and

token

일반적으로 AI 시스템에서 토큰(token)은 이미지 생성 요청 시 사용하는 단위입니다. 컴퓨터 과학 및 자연어 처리 분야에서 '토큰'은 데이터나 정보의 가장 작은 단위를 의미하며, 텍스트의 경우 단어, 구, 또는 음절 단위로 처리될 수 있습니다.

미드저니에서 사용하는 '프롬프트 토큰'은 사용자가 이미지 생성을 위해 입력하는 텍스트를 의미하며, 이 텍스트 안에서도 여러 단어나 구가 개별 토큰으로 처리될 수 있습니다. 미드저니의 AI는 이러한 토큰을 분석하여 사용자의 요청에 맞는 이미지를 생성합니다.

미드저니에서 /shorten 명령어를 사용하면 〈Short Details〉 버튼이 생성되며, 이를 클릭하면 각 단어가 이미지에 미치는 영향을 숫자로 확인할 수 있습니다.

예를 들어, lemon과 aisan woman을 비교했을 때 lemon의 경우에는 다른 단어들의 빈도 수가 적은 반면, Asian woman의 경우에는 다양한 단어가 더 큰 영향을 미친것을 확인할 수 있습니다. 따라서 숫자의 차이에 따라 결과물이 달라질 수 있음을 이해하고, shorten 기능을 적절히 활용하는 것이 중요합니다.

Photographed fresh bundled lemons: bright yellow fruits with vibrantgreen leavesand sparkling water dropletsthat evoke crisp, refreshing quality.

Important tokens

Photographed (0.38) **fresh** (0.09) **bundled** (0.16) **lemons** (1.00): bright (0.01) yellow (0.07) fruits (0.01) with vibrant (0.00) green (0.07) **leaves** (0.15) and sparkling (0.02) water (0.02) **droplets** (0.30) that evoke (0.01) crisp (0.00), refreshing (0.00) quality (0.00).

- lemons
- Photographed
- droplets
- bundled
- fresh
- yellow
- green
- leaves

Photographed fresh bundled lemons, yellow, green leaves and sparkling, dropletscrisp, refreshing quality.

Photographed fresh bundled lemons, green leaves, droplets

프롬프트

Photographed, bundled lemons, leaves, droplets

프롬프트

Photographed, bundled lemons, leaves

프롬프트

Photographed, lemons

프롬프트

A beautiful Asian woman, portrait, futuristic, wearing a helmet, cityscape, reflection of the scenery on the helmet.

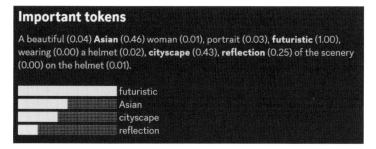

Important tokens

A beautiful (0.04) **Asian** (0.46) woman (0.01), portrait (0.03), **futuristic** (1.00), wearing (0.00) a helmet (0.02), **cityscape** (0.43), **reflection** (0.25) of the scenery (0.00) on the helmet (0.01).

futuristic
Asian
cityscape
reflection

프롬프트

beautiful Asian, portrait, futuristic, cityscape, reflection

프롬프트

beautiful Asian, futuristic, cityscape, reflection

Asian, futuristic, cityscape, reflection

Asian, futuristic, cityscape

Asian, futuristic

1 │ 프롬프트를 효과적으로 줄여 원하는 이미지 생성하기

Shorten 명령어를 사용하여 기존에 생성된 이미지의 프롬프트를 최적화하고, 이를 바탕으로 유사한 이미지를 만들겠습니다.

01 먼저 미드저니 전체 창에서 업로드된 이미지 중 마음에 드는 이미지를 선택하고 화면 오른쪽에 표시된 프롬프트를 복사합니다.

(프롬프트)─────

A heartwarming scene of a Siberian husky and a Dalmatian, captured in the charming, whimsical style of Pixar animation. The husky has thick grey and white fur, and brown eyes instead of blue. The Dalmatian has a smooth white coat adorned with irregular black spots, with a large black spot covering one of its eyes. They are lying together on a cozy couch, their expressions conveying gentle companionship. The setting is a comfortable living room, bathed in soft natural light from a nearby window, with a glimpse of a vibrant garden outside. The mood is one of peaceful friendship and warmth, with bright sunlight casting soft, comforting shadows.

02 프롬프트 창을 클릭한 후 '/s'를 입력하고 메뉴에서 [/shorten]를 선택합니다.

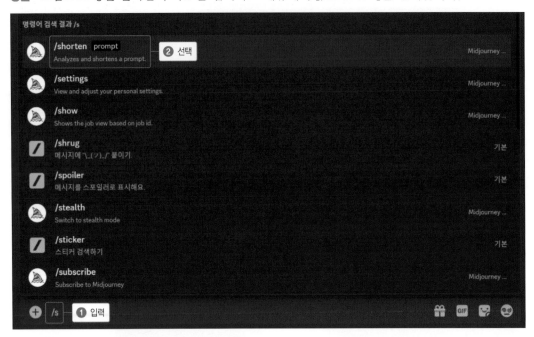

03 프롬프트 창에 다음과 같이 프롬프트를 입력하고 Enter를 누릅니다.

프롬프트

A heartwarming scene of a Siberian husky and a Dalmatian, captured in the charming, whimsical style of Pixar animation. The husky has thick grey and white fur, and brown eyes instead of blue. The Dalmatian has a smooth white coat adorned with irregular black spots, with a large black spot covering one of its eyes. They are lying together on a cozy couch, their expressions conveying gentle companionship. The setting is a comfortable living room, bathed in soft natural light from a nearby window, with a glimpse of a vibrant garden outside. The mood is one of peaceful friendship and warmth, with bright sunlight casting soft, comforting shadows.

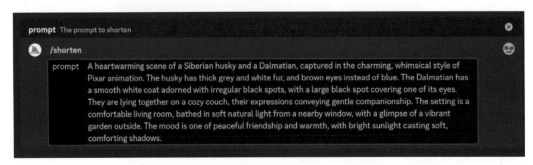

04 줄어든 프롬프트가 5개가 나타납니다.
〈Show Details〉 버튼을 클릭합니다.

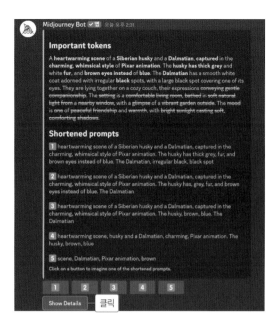

05 〈Show Details〉 버튼을 클릭하면 이미지에 단어가 얼마나 영향을 주었는지 숫자로 표기합니다.

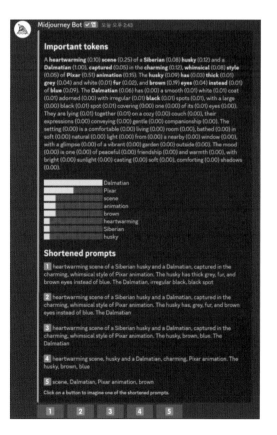

06 〈3〉 버튼을 클릭하고 3번 프롬프트에 맞는 결과물을 확인합니다.

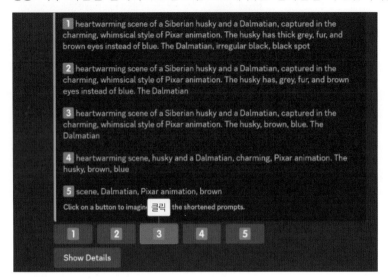

07 이미지 생성이 완료되어 비율이 석용된 이미지 결과물 4개가 나타납니다.

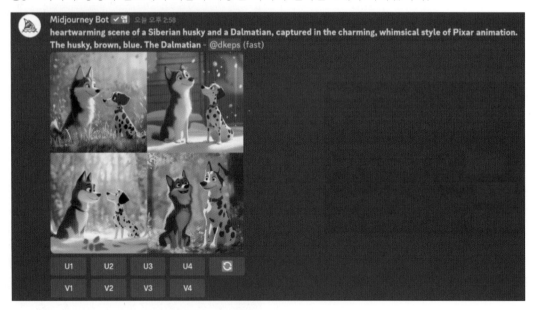

heartwarming scene of a Siberian husky and a Dalmatian, captured in the charming, whimsical style of Pixar animation. The husky has thick grey, fur, and brown eyes instead of blue. The Dalmatian, irregular black, black spot

heartwarming scene of a Siberian husky and a Dalmatian, captured in the charming, whimsical style of Pixar animation. The husky has, grey, fur, and brown eyes instead of blue. The Dalmatian

③ 프롬프트

heartwarming scene of a Siberian husky and a Dalmatian, captured in the charming, whimsical style of Pixar animation. The husky, brown, blue. The Dalmatian

heartwarming scene, husky and a Dalmatian, charming, Pixar animation. The husky, brown, blue

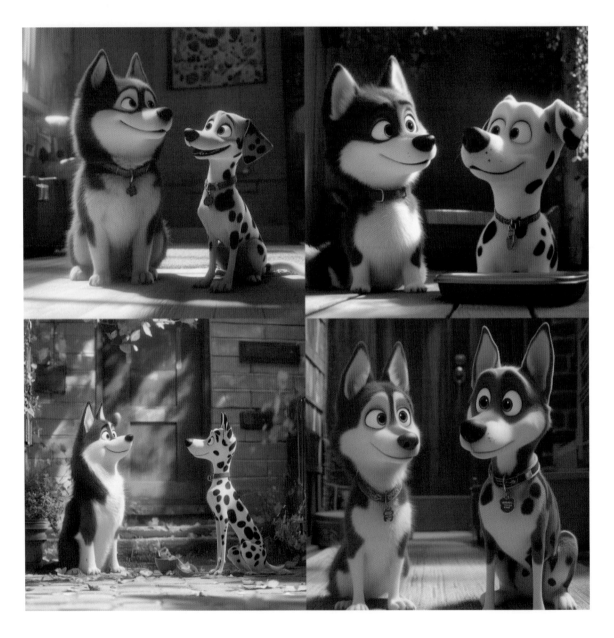

scene, Dalmatian, Pixar animation, brown

Part 04

작업 효율을
높이는
미드저니 기능

이미지 확장하기_Pan

Pan 기능은 이미지의 특정 부분을 확대하거나 이동시키는 기능입니다. 이를 사용하면 이미지를 더 넓은 범위로 확장하거나 원하는 부분을 세부적으로 탐색할 수 있습니다. 주로 생성된 이미지를 이 동하거나 확대하여 새로운 구도를 만들 때 유용하게 사용됩니다.

Pan 기능은 이미지 생성 과정에서 사용자가 특정 방향으로 초점을 이동시켜 새로운 시각적 구성 요소를 탐색할 수 있도록 돕는 도구입니다. 주로 생성된 이미지의 일부를 확장하거나 이동시켜 더 넓은 장면을 만들 수 있으며, 이어지는 장면에 새로운 요소를 추가할 수도 있습 니다.

세부적으로 보면 초점 조정, 구도 조정, 시각적 균형의 세 가지 측면으로 나뉩니다.

- **초점 조정**: 이미지 내에서 관심 있는 부분으로 '이동'하여 해당 영역을 더 크게 또는 세밀하 게 볼 수 있습니다.

- **구도 조정**: 이미지의 특정 섹션을 강조하거나 구성을 변경해 새로운 시각적 요소를 탐색할 수 있습니다.

- **시각적 균형**: 전체 이미지의 요소를 균형 있게 조정하여 더욱 조화롭고 완성도 높은 결과 물을 만들 수 있습니다.

패닝^{Panning} 방법에는 다음과 같이 일반 패닝과 리믹스^{Remix mode}를 활용한 패닝 두 가지가 있습 니다.

1 | 일반 패닝

일반 패닝은 먼저 이미지를 생성한 후, 화살표 버튼 〈⇦〉, 〈⇨〉, 〈⇩〉, 〈⇧〉을 클릭해 이미지를 상하좌우로 확장하는 방법입니다. 일반 패닝에서는 기존 프롬프트에 맞는 이미지 구성을 자동으로 제안하여 생성된 이미지를 확장하거나 이동시켜 넓은 장면을 경험할 수 있지만, 원하는 요소를 추가해 이미지를 변형하는 것은 어렵습니다. 또한 상하좌우 모두 패닝할 수 있지만, 동일한 이미지에서 패닝을 입력할 때 가로와 세로 방향을 동시에 패닝할 수는 없습니다. 즉, 한쪽 방향으로만 패닝할 수 있습니다.

▲ 생성된 이미지

A cute baby, swimming under the sea,
Photography style

▲ 상하좌우 패닝된 이미지

패닝할 때는 이미지의 가장자리에서 가장 가까운 512픽셀과 프롬프트만이 새로운 섹션을 결정하는 데 사용됩니다. 예를 들어, 가로 1024×세로 1024픽셀의 정사각형 이미지에서 화살표 버튼을 클릭하여 반복적으로 패닝을 시도하면, 이미지는 1024×1536, 그 다음은 1024×2048, 그 후에는 1024×2560 등으로 확장되며 새로운 파노라마 이미지를 확인할 수 있습니다.

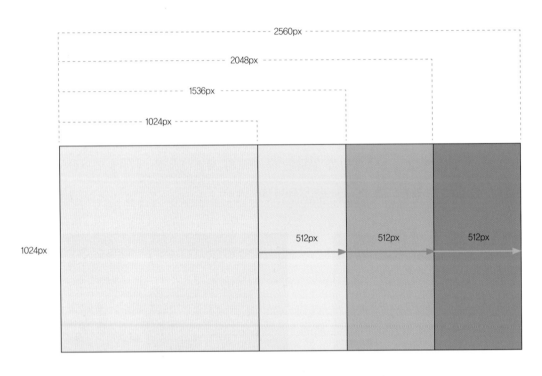

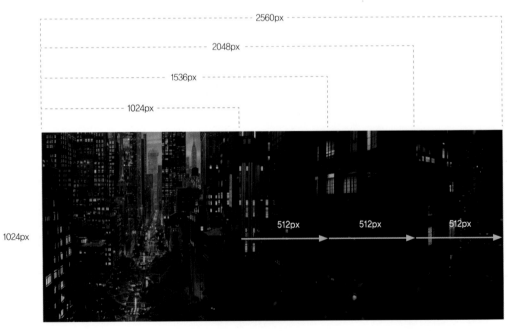

2 | 리믹스 모드(Remix mode) 활용 패닝

리믹스 모드는 프롬프트이미지, 텍스트와 파라미터생성 모델 버전, 가로/세로 비율 등 일부 파라미터를 변경할 수 있는 기능입니다. 이를 통해 전체 이미지의 값들을 조정하여 기존 이미지를 유지하면서 시각적으로 풍부한 이미지를 생성할 수 있습니다. 향후 고급 파라미터 부분에서 리믹스 모드에 대해 더 자세히 다룰 예정이며, 여기서는 패닝을 실행했을 때 자동으로 생성된 이미지에서 원하는 이미지를 변경하는 팁을 간략히 소개하겠습니다.

리믹스 모드는 일반 패닝과 마찬가지로 이미지를 생성한 후, 프롬프트를 변경해 원하는 요소를 추가하면서 패닝을 실행할 수 있는 기능입니다. 리믹스 모드를 활성화하는 방법은 두 가지가 있습니다. 첫 번째는 프롬프트 창에서 '/s'를 입력한 후 메뉴에서 [/settings]를 선택하고 ⟨Remix mode⟩ 버튼을 클릭하는 방법이고, 두 번째는 프롬프트를 실행한 후 결과 화면에서 나타나는 Variation ⟨V1⟩, ⟨V2⟩, ⟨V3⟩, ⟨V4⟩ 버튼을 클릭해 프롬프트를 변경한 후 실행하는 방법입니다. 리믹스 모드가 활성화되면 리믹스 버튼이 녹색으로 변경되는 것을 확인할 수 있습니다.

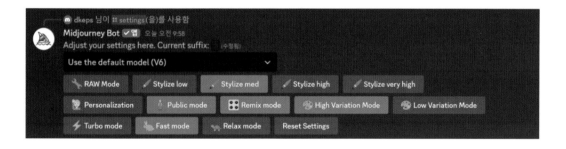

메뉴에서 [/settings]를 선택하고 ⟨Remix mode⟩ 버튼을 클릭하여 리믹스 모드를 활성화한 후 생성된 이미지 아래에 표시된 화살표를 클릭하면 이미지가 확장되면서 설정을 입력할 수 있는 옵션이 나타납니다. 여기에서 프롬프트를 변경하여 원하는 요소를 추가할 수 있습니다. 상하좌우 방향으로 프롬프트를 활용해 요소를 추가하거나 변경할 수 있으며, 다음의 그림에서처럼 일반 패닝과 달리 상하좌우에 거북이, 산호, 물고기 등의 요소가 추가되어 이미지가 더욱 풍부해진 것을 확인할 수 있습니다.

프롬프트
A cute baby, swimming under the sea,
Photography style

▲ 생성된 이미지

리믹스 모드 활성화
- 프롬프트 변경

▲ 좌우로 패닝, 요소를 변경 및 추가한 이미지

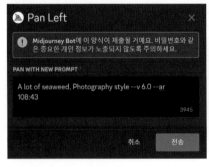

▲ 왼쪽: seaweed 프롬프트 추가

▲ 오른쪽: turtle 프롬프트 추가

3 | 일반 패닝을 활용하여 이미지 확장하기

일반 패닝 기능을 사용하여 생성된 이미지를 상하좌우로 확장하고, 그동안 보여지지 않았던 부분을 이미지로 만들겠습니다.

01 프롬프트 창을 클릭한 후 '/i'를 입력하고 메뉴에서 [/imagine]을 선택합니다.

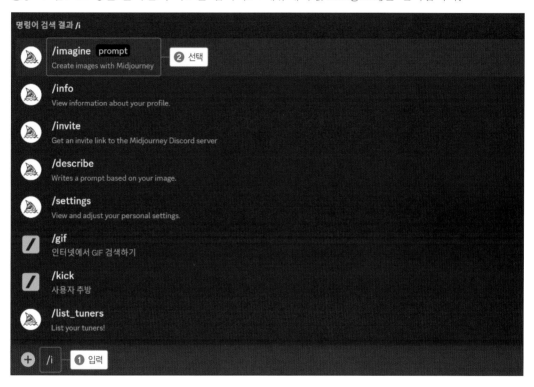

02 프롬프트 창에 'A cute baby, swiming under the water, photorealistic'을 입력하고 Enter를 누릅니다.

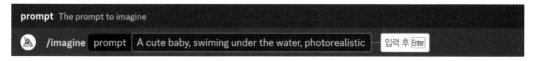

03 이미지 생성이 완료되어 결과물 4개가 나타납니다. 제안받은 이미지가 모두 마음에 들지 않아 Re-Roll 아이콘을 클릭하여 다시 한번 생성 요청을 합니다.

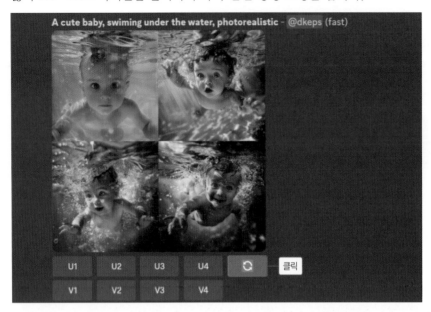

04 이미지 생성이 완료되어 결과물 4개가 나타납니다. 생성된 이미지 결과물 중 첫 번째 이미지를 선정하기 위해 〈U1〉 버튼을 클릭하여 이미지를 업스케일합니다.

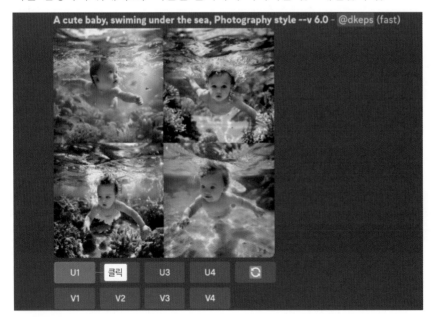

05 선택한 이미지 결과물이 나타납니다. 결과물에서 오른쪽으로 512px만큼 이미지를 확장하기 위해 〈⇨[Pan(Right)]〉 버튼을 클릭합니다.

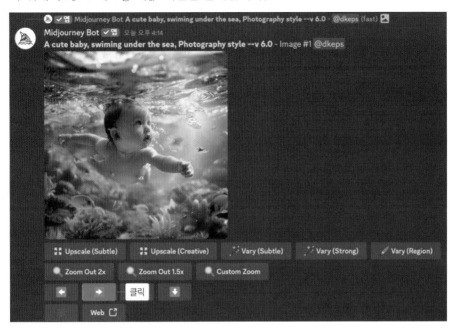

06 오른쪽으로 512px만큼 이미지를 확대하는 〈⇨[Pan(Right)]〉 버튼을 클릭한 결과, 오른쪽으로 확장된 부분이 자동으로 채워진 이미지를 제안합니다.

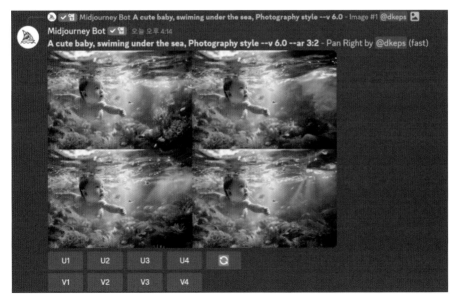

07 다시, 5번의 결과물에서 〈←[Pan(Left)]〉, 〈↑[Pan(Up)]〉, 〈↓[Pan(Down)]〉 버튼을 각각 클릭합니다. 기존 이미지 결과물에서 각 방향으로 확장된 이미지를 제안하는 것을 확인할 수 있습니다.

▲ Pan(Left)   ▲ Pan(Up)   ▲ Pan(Down)

4 | 리믹스 모드를 활용하여 이미지 추가하며 확장하기

리믹스 모드를 활용하여 생성된 이미지에 상하좌우로 요소를 추가하고, 풍부하고 다채로운 이미지를 만들겠습니다.

01 프롬프트 창을 클릭한 후 '/s'를 입력하고 메뉴에서 [/settings]를 선택합니다.

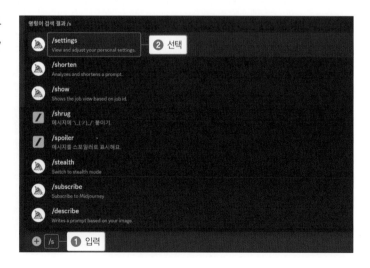

02 〈Remix mode〉 버튼을 클릭하여 리믹스 모드를 활성화합니다.

03 파노라마 이미지로 확장시키기 위해 생성된 결과물에서 512px만큼 이미지를 확대하는 〈⇨[Pan(Right)]〉 버튼을 클릭합니다.

04 Pan Right 창이 표시되면 프롬프트를 'A big turtle, swimming under the sea, Photography style --v 6.0'로 수정한 다음 〈전송〉 버튼을 클릭합니다.

05 기존 이미지 결과물에 수정한 프롬프트를 반영해 확장된 이미지를 제안하는 것을 확인할 수 있습니다.

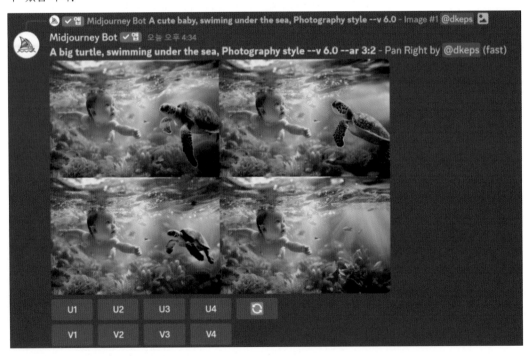

06 이미지 생성 결과물 중 세 번째 이미지를 선정하기 위해 〈U3〉 버튼을 클릭하여 이미지를 업스케일합니다.

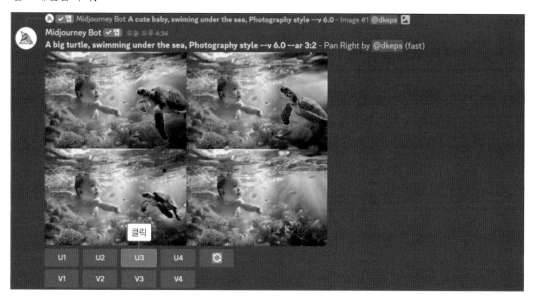

07 선택한 이미지 결과물이 나타납니다. 결과물에서 오른쪽으로 512px만큼 이미지를 확장하기 위해 〈⇨[Pan(Right)]〉 버튼을 클릭합니다.

08 Pan Right 창이 표시되면 프롬프트
를 'Many colorful coral reefs, under
the sea, Photography style − −v 6.0
− −ar 2:1'로 수정하고 〈전송〉 버튼을 클
릭합니다.

◆ v6.0은 미드저니의 최신 버전이며, − −ar 2:1은 미드
저니에서 자동으로 설정된 비율을 나타냅니다. 이 비율을
포함하지 않아도 이미지는 적절한 비율로 생성됩니다.

09 기존 이미지 결과물에 프롬프트를 반영해 확장된 이미지를 제안하는 것을 확인할 수 있습
니다.

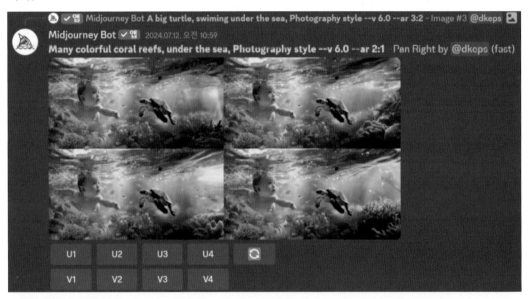

10 생성된 결과물 중 두 번째 이미지를 선정하기 위해 〈U2〉 버튼을 클릭해 이미지를 업스케일합니다.

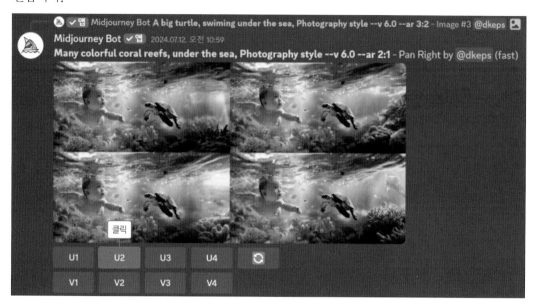

11 선택한 이미지 결과물이 나타납니다. 결과물에서 왼쪽으로 512px만큼 이미지를 확장하기 위해 〈⇐[Pan(Left)]〉 버튼을 클릭합니다.

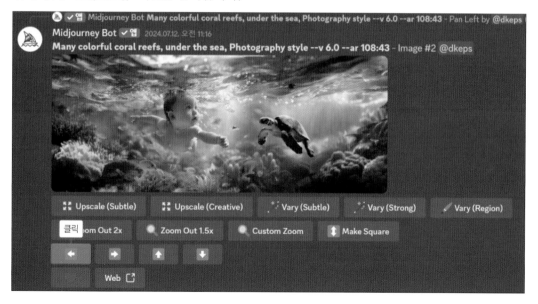

12 Pan Left 창이 표시되면 프롬프트를 수
정하지 않은 상태로 〈전송〉 버튼을 클릭합니다.

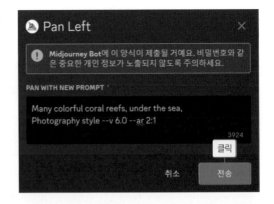

13 기존 이미지 결과물에
프롬프트를 반영해 확장된
이미지를 제안하는 것을 확
인할 수 있습니다.

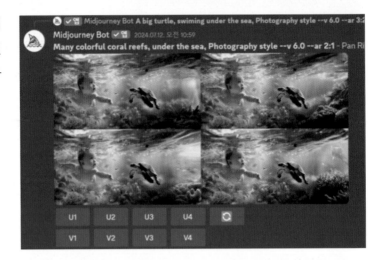

14 결과물에서 두 번째
이미지를 선정하기 위해
〈U2〉 버튼을 클릭하여 이
미지를 업스케일합니다.

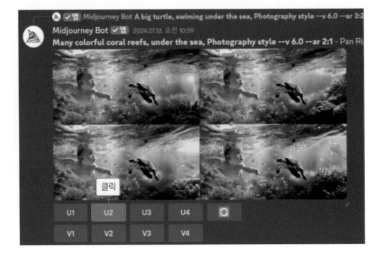

15 선택한 이미지 결과물이 나타납니다. 결과물에서 왼쪽으로 512px만큼 이미지를 확장하기 위해 〈⟵[Pan(Left)]〉 버튼을 클릭합니다.

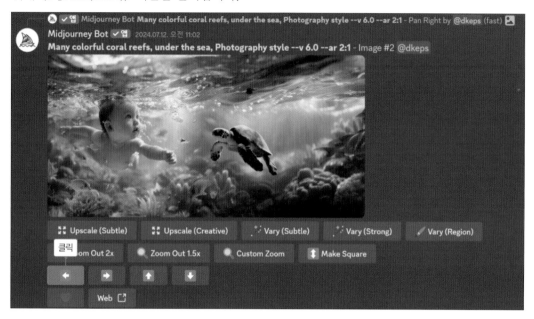

16 Pan Left 창이 표시되면 프롬프트를 'Blue fish, under the sea, Photography style --v 6.0 --ar 108:43'로 수정하고 〈전송〉 버튼을 클릭합니다.

◆ ar 108:43은 미드저니에서 자동으로 설정된 비율을 나타내며, 이 비율을 포함하지 않아도 이미지는 적절한 비율로 생성됩니다.

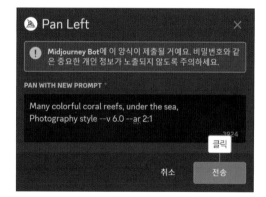

17 기존 이미지 결과물에 프롬프트를 반영해 확장된 이미지를 제안하는 것을 확인할 수 있습니다. 결과물 중 가장 프롬프트에 맞는 이미지를 선정하기 위해 〈U2〉 버튼을 클릭하여 이미지를 업스케일합니다.

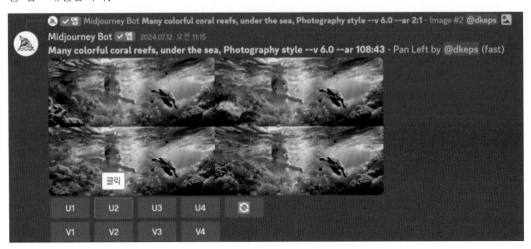

18 기존 이미지에서 파노라마 이미지로 확장된 이미지를 확인할 수 있습니다.

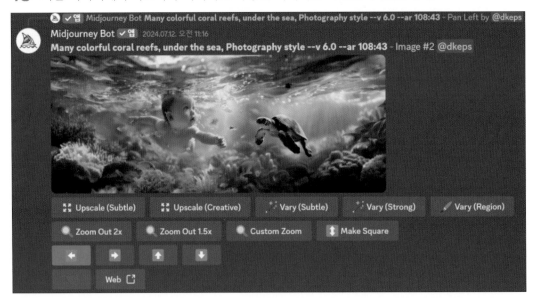

CHAPTER 02
이미지 축소 및 확장하기 _Zoom Out

Zoom Out 기능은 이미지를 축소하여 더 넓은 배경이나 공간을 추가하는 기능입니다. 이 기능을 사용하면 이미지의 구성을 확장하거나, 이미지의 일부를 더 넓은 범위로 조망할 수 있게 됩니다. 기존의 이미지에 추가적인 배경이나 세부 요소를 더하고 싶을 때 유용하게 사용됩니다.

Zoom Out 기능은 이미지를 확장하여 원본 이미지의 외곽에 새로운 요소를 추가하는 기능입니다. 이 기능은 이미지를 더 넓게 보여주며, 원본 이미지의 스타일에 맞는 추가적인 세부사항을 자동으로 생성합니다. 이를 통해 사용자는 기존의 이미지를 기반으로 새로운 장면을 만들거나, 더 많은 내용을 포함하도록 확장할 수 있습니다.

Zoom Out은 다음과 같은 상황에서 활용할 수 있습니다.

- **배경 확장**: 시각적으로 더 흥미로운 구도를 만들고, 확장을 통해 추가 공간을 확보할 수 있습니다.
- **스토리텔링 강화**: 이미지에 더 많은 요소를 추가하여 이야기의 범위를 확장하고 심화할 수 있습니다. 추가된 시각적 단서들이 이야기에 깊이와 의미를 더할 수 있습니다.
- **비율 실험**: 다양한 이미지 크기와 비율을 실험하여 웹사이트, 소셜 미디어, 프린트 등 다양한 플랫폼에 최적화된 이미지를 제작할 수 있습니다.

이는 프로젝트 전반에 걸쳐 일관된 비주얼 스타일을 유지하고, 시간과 비용을 절약하는 데 도움이 됩니다.

Zoom Out은 2x Zoom, 1.5x Zoom, Custom Zoom의 세 가지 모드로 제공됩니다.

2x Zoom과 1.5x Zoom

Zoom Out 기능은 이미지의 크기가 커지는 Pan과 달리, 생성된 이미지의 크기는 1024×1024px를 초과하지 않습니다. 기존 이미지를 축소하고 테두리 부분을 확장하는 방식으로 생성됩니다.

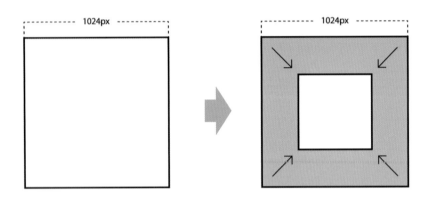

Zoom Out x2 기능은 현재 이미지의 바깥쪽으로 2배 확대하여 더 넓은 장면을 생성합니다. 이 기능은 원본 이미지의 가로와 세로를 각각 2배로 확장하며, 전체 면적은 약 4배 커집니다.

Zoom Out x1.5 기능은 현재 이미지의 바깥쪽으로 1.5배 확대하여 더 넓은 장면을 생성합니다. 이 기능은 원본 이미지의 가로와 세로를 각각 1.5배로 확장하며, 전체 면적은 약 2.25배 커집니다.

Zoom Out 1.5x

Zoom Out 2x

원본

Zoom Out 1.5x

Zoom Out 2x

Custom Zoom

Custom Zoom 기능은 프롬프트를 변경하여 업스케일된 이미지를 더 자유롭게 Zoom Out 할 수 있도록 돕습니다. Zoom Out 창이 표시되면 '프롬프트 --ar(가로:세로), --zoom(확대 배율)'을 입력해 이미지를 세밀하게 제어할 수 있습니다. 1.0x에서 2.0x까지 Zoom Out 배율을 조절할 수 있으며, 동시에 이미지의 가로/세로 비율도 변경할 수 있습니다. 또한, Zoom Out 배율을 1.0으로 설정한 후 가로/세로 비율을 변경하면 기존 이미지를 축소하지 않고 확장할 수 있습니다.

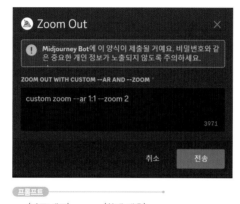

--ar(가로:세로) --zoom(확대 배율)

확대 배율을 조절하려면 '프롬프트 --ar(가로:세로) --zoom(확대 배율)'에서 확대 배율 부분에 원하는 배율을 입력합니다. 단, 배율은 1부터 2까지의 숫자만 가능하며, 1.XXX 형식으로 작성할 수 있습니다. 2에 가까울수록 기존 이미지는 작아지고 배경이 넓어지며, 기존 이미지에서의 변형 정도도 강해질 수 있습니다.

◀ 1x

▲ 1,2x

▲ 1,5x

▲ 1,8x

▲ 2,0x

다음은 이미지의 가로/세로 비율을 변경하는 방법입니다. 배율 조절과 동시에 설정할 수 있으며, '프롬프트 --ar(가로:세로) --zoom(확대 배율)'에서 (가로:세로) 부분에 숫자를 입력하여 비율을 조정합니다. 다만, 미드저니는 가로와 세로 비율이 극단적으로 크거나 작은 경우를 지원하지 않으므로, 일반적으로 1:2에서 2:1 사이 비율이 가장 잘 지원됩니다. 또한, 1:1(정사각형), 3:2, 4:3, 16:9 등의 비율도 자주 사용됩니다. 비율을 변경할 때 줌아웃 배율을 1:1로 설정하면 기본 이미지 축소 없이 비율 변경을 할 수 있습니다.

원본 ▶

▲ 1:1, 1.5x

▲ 3:2, 1.5x

▲ 4:3, 1.5x

▲ 16:9, 1.5x

다음으로 액자식 구성이 가능합니다. 액자식 구성을 사용할 경우 프롬프트에 바로 입력하면 내부와 외부 경계가 의도와 다르게 모호해질 수 있습니다. 이때 내부 구성을 먼저 입력한 후 Custom Zoom Out을 이용해 2차로 외부 구성을 추가할 수 있습니다. 프롬프트만으로 액자식 구성을 할 수도 있고, A(내부 이미지)를 URL로 사용해 A<B 구성으로 확장하는 방법도 있습니다.

▲ A

▲ A>B

▲ A>B>C

▲ A>B>C>D

1 | 1.5x Zoom Out, 2.0x Zoom Out

01 프롬프트 창을 클릭한 후 '/i'를 입력하고 메뉴에서 [/imagine]을 선택합니다.

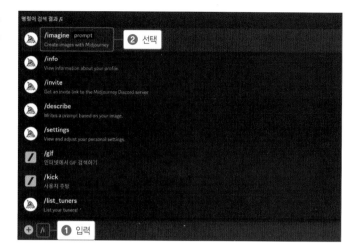

02 프롬프트 창에 'a cute otter wearing a blue dress,posing, 3d character style, photo wall, photography style'을 입력하고 Enter를 누릅니다.

03 이미지 생성이 완료되어 결과물 4개가 나타납니다. 생성된 이미지 결과물 중 세 번째 이미지가 원하는 이미지와 비슷하므로 〈U3〉 버튼을 클릭하여 3번 이미지를 업스케일합니다.

04 업스케일된 이미지 아래의 〈Zoom Out 1.5x〉, 〈Zoom Out 2x〉 버튼을 클릭해 줌아웃합니다.

05 각각 1.5배, 2배로 줌아웃된 이미지를 확인할 수 있습니다.

2 | Custom Zoom Out

01 1.5배 줌아웃된 이미지 중 하나를 선택하여 업스케일합니다. 〈Custom Zoom〉 버튼을 클릭합니다.

02 Zoom Out 창이 표시되면 프롬프트에 'a cute otter wearing a blue dress, posing, 3d character style, photo wall, photography style - - ar 2:3 - - zoom 1.2'를 입력한 후 〈전송〉 버튼을 클릭합니다.

◆ 가로/세로 비율은 2:3, 줌아웃 배율은 1.2배로 설정합니다.

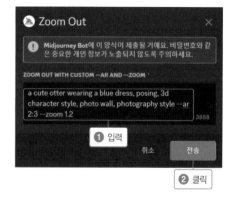

03 가로/세로 비율이 바뀐 이미지를 확인할 수 있습니다. 4개의 이미지 중 〈U4〉 버튼을 클릭해 업스케일합니다.

243

04 업스케일된 이미지를 확
인할 수 있습니다. 〈Custom
Zoom〉 버튼을 클릭합니다.

05 Zoom Out 창이 표시되면 프롬프트에서 기
존 프롬프트 내용을 삭제한 후 가로/세로 비율을 1:1
로 바꾸고 2배 줌하기 위해 'Antique Frame, Art
Museum Background - -ar 1:1 - -zoom2' 을
입력하고 〈전송〉 버튼을 클릭합니다.

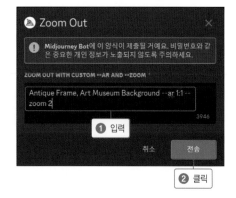

06 생성된 4개의 이미지를 확인합니다.
〈U1〉~〈U4〉 버튼을 클릭해 하나의 이
미지를 업스케일합니다.

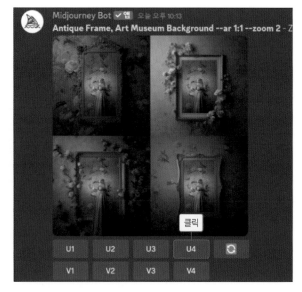

07 이미지 결과를 확인합
니다.

▲ 생성 이미지

▲ 2:3 / 1.2x Zoom Out

▲ 1.5x Zoom Out

▲ 1:1 / 2x Zoom Out

CHAPTER

03

이미지 변형하기_Vary

Vary 기능은 생성된 이미지를 약간 다르게 변형하여 새로운 결과물을 만들어내는 기능입니다. 이 기능을 사용하면 기존 이미지의 스타일이나 구성을 유지하면서도, 일부 변화를 주어 다양한 버전을 생성할 수 있습니다. 이를 통해 창의적이고 다양한 옵션을 탐색할 수 있습니다.

Vary 기능은 이미지 생성 과정에서 전체 또는 부분적으로 변형을 통해 세부적인 선택지를 탐색할 수 있도록 돕는 도구입니다. 변형 정도에 따라 질감, 분위기, 컬러 등 다양한 표현 방법을 시도할 수 있으며, 부분 수정으로 구성에 변화를 줄 수 있습니다. 세부적으로 정리하면 첫째, 이미지를 변형 생성하고, 둘째, 이미지에 다양성을 추가하며, 셋째, 창의적인 옵션을 실험해 이미지를 창조하고, 넷째, 사용자 입력에 따라 원하는 방향으로 이미지를 변형할 수 있습니다.

이미지 변형 방법에는 Vary (Strong), Vary (Subtle), Vary (Region) 방식이 있습니다. 여기서는 가장 기본적인 Vary (Strong)과 Vary (Subtle)를 다루고, 고급편에서는 Vary (Region)에 대하여 다루겠습니다.

1 | Vary (Strong)

Vary (Strong) = High Variation 기능은 이미지에 강한 변화를 적용할 수 있습니다. 기본적으로 약 70% 이상의 변형이 이루어지며, 이미지의 주요 요소, 색상, 구도, 스타일에 큰 변화를 주어 새로운 아이디어를 확장하거나 브레인스토밍할 때 유용하게 사용될 수 있습니다. Vary (Strong)을 활용하여 생성된 이미지는 새로운 시각적 아이디어를 제시하므로 브레인스토밍 등에서 논의의 출발점으로 활용할 수 있습니다. 다만, Vary (Strong)은 이미지에 큰 변화를 주므로 결과물이 원본 이미지와 매우 달라질 수 있습니다. 또한, 비교적 시간과 리소스를 많이 소모하며, 일관된 테마가 필요한 프로젝트에서는 일관성을 유지하기 어려울 수 있습니다.

생성 이미지

`프롬프트`

A cookie with a strawberry jam, silver spoon, vintage

Vary (Strong)을 적용한 이미지

스푼의 방향, 장식, 그릇의 무늬 등에서 전반적인 변화가 있음

2 | Vary (Subtle)

Vary (Subtle) = Low Variation 기능은 이미지의 세부 요소를 조정해 완성도를 높이는 데 적합합니다. 기본적으로 약 30% 이하의 작은 변형을 생성하며, 세밀한 수정과 작은 스타일 변화를 통해 이미지를 정교하게 다듬을 수 있습니다. 따라서 최종 단계에서 이미지의 톤, 디테

일, 질감 등을 조정하여 완성도를 높이는 데 매우 유용한 기능입니다.

주의할 점은 Vary (Subtle)이 작은 변화를 주기 때문에 이미 세밀하게 완성된 이미지에서는 변형 효과가 미미할 수 있다는 것입니다. 또한 변형을 원하는 범위를 명확하고 구체적으로 서술해야 합니다. 따라서 여러 번 기능을 시도하여 미세한 차이를 비교하고, 가장 적합한 이미지를 선택하는 것이 중요합니다.

생성 이미지

◖프롬프트◗─────────────────○

Hamster with daisy flowers covered like a hat,
simple background, photo style, close-up shot

Vary (Subtle)을 적용한 이미지
꽃의 방향, 햄스터의 손 모양 등에서 변화를 줄 수 있음

3 | Vary (Strong)과 Vary (Subtle) 변형 정도 비교

앞서 언급한 Vary (Strong)과 Vary (Subtle)의 변형에 대한 내용을 다음의 표에 정리했습니다. 이를 통해 기능을 더 명확하게 이해하고 활용할 수 있습니다. Vary (Strong)은 색상, 형태, 구도 등에서 전반적인 변형이 이루어지는 반면, Vary (Subtle)은 변형이 제한적입니다. 따라서 다양한 구도나 구성을 탐색할 때는 Strong을, 원본 이미지에서 디테일을 실험할 때는 Subtle을 사용하는 것이 효과적입니다.

요소	Vary (Strong)	Vary (Subtle)
변형 강도	70~100%	10~30%
적용 범위	광범위	제한적
랜덤성	높음	낮음
색상 변화	50~100%	10~30%
형태 변화	60~100%	10~30%

변형 정도 예시 이미지

▲ 원본 이미지　　　　▲ Vary (Strong)　　　　▲ Vary (Subtle)

249

4 | Vary (Strong) 기능으로 이미지 변형하기

Vary (Strong)과 Vary (Subtle) 기능은 일반적으로 프롬프트로 이미지를 생성한 후 Vary (Strong)을 사용해 원하는 이미지에 가까워지면, Vary (Subtle)로 디테일을 수정해 이미지를 완성하는 방식으로 활용됩니다. 이 기능들은 업스케일 전 〈V1〉, 〈V2〉, 〈V3〉, 〈V4〉 버튼을 통해 'High variation = Vary (Strong)'을 사용할 수 있으며, 업스케일 후에는 'Low variation = Vary (Subtle)'로 이미지를 조정할 수 있습니다. 이 설정은 /settings에서 변경할 수 있습니다.

프롬프트

A fox holding a red rose, fluffly, desert, a warm atmosphere

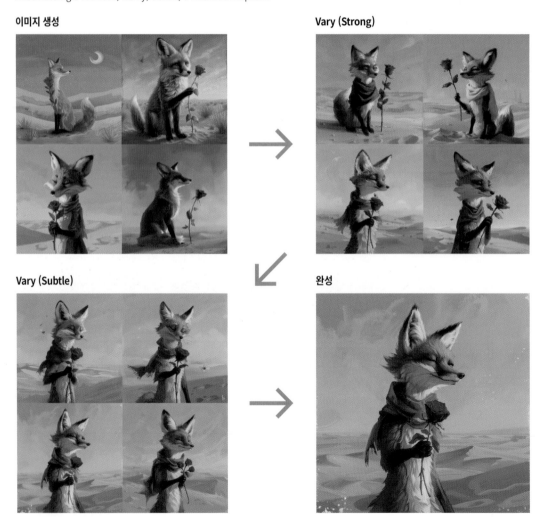

이미지 생성

Vary (Strong)

Vary (Subtle)

완성

또는 프롬프트 창에 '/p'를 입력하고 메뉴에서 [/Prefer variability]를 선택해 High Variation, Low Variation Mode로 전환하여 이미지를 생성할 수 있습니다.

여기서는 제시된 두 가지 방법 중 첫 번째인 [Imagine prompt]를 활용하여 Vary(Strong)을 적용한 이미지를 만들겠습니다.

01 프롬프트 창을 클릭한 후 '/i'를 입력하고 메뉴에서 [/imagine]을 선택합니다.

02 프롬프트 창에 'a fox holding a red rose, fluffly, desert, a warm atmosphere'를 입력하고 Enter를 누릅니다.

03 이미지 생성이 완료되어 결과물 4개가 나타납니다. 생성된 이미지 결과물 중 세 번째 이미지가 원하는 이미지와 비슷해 〈V3〉 버튼을 클릭해 3번 이미지를 기준으로 이미지를 재생성합니다.

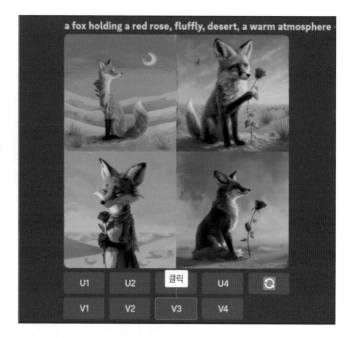

04 기존 이미지 결과물에서 색상, 여우의 방향, 장미와 여우의 배치 등에서 전반전으로 변형된 이미지를 확인할 수 있습니다.

5 | Vary (Subtle)로 이미지 조정하기

Vary (Strong) 기능을 적용하여 생성된 이미지를 Vary (Subtle) 기능으로 조정하겠습니다.

01 생성된 이미지 중 하나를 선택해 업스케일합니다. 여기서는 〈U3〉 버튼을 클릭해 세 번째 이미지를 선택했습니다.

02 〈Vary (Strong)=High Variation〉 또는 〈Vary (Subtle)=Low Variation〉 버튼을 선택하여 클릭할 수 있습니다. 이미지가 원하는 이미지에 가까우므로 〈Vary (Subtle)〉 버튼을 클릭하여 디테일을 변형합니다.

03 선택한 이미지의 세부 사항이 변경된 결과물이 나타납니다. 여우와 장미의 배치, 구도 등은 일정하고 여우의 표정, 장미의 디테일 등에 차이가 있습니다.

Vary (Region)

Vary (Region) 기능은 이미지 내 특정 부분을 편집하는 기능으로, 생성된 이미지에서 없는 요소를 추가하거나 삭제된 부분을 수정하는 데 사용됩니다. 이는 인페인팅 기술로, 손상된 영역을 복원하거나 삭제된 부분을 채워 이미지의 완성도를 높일 수 있습니다. 인페인팅 기술은 지역적인 정보를 바탕으로 이미지를 복원하므로 전체적인 이미지의 논리적인 의미나 일관성이 떨어질 수 있으며, 때로는 의도치 않은 새로운 정보가 추가될 수 있습니다. 이 기술은 포토샵의 Content-Aware Fill 기능이나 영화 제작에서 특수효과 및 디지털 컨티뉴어^{Digital Continuity} 작업에 사용됩니다.

미드저니에서는 생성된 이미지에서만 Vary (Region)을 적용할 수 있으며, 정확도가 떨어지거나 도구가 제대로 작동하지 않을 수 있습니다. 일반적으로 20~25% 업스케일을 진행한 후 변경된 내용이 원본 이미지 컨텍스트와 일치할 때 가장 효과적인 결과를 얻을 수 있습니다.

편집 범위가 넓을수록 미드저니가 새로운 요소를 생성해 예기치 않은 결과물이 나올 수 있으며, 범위가 좁을수록 미묘한 변화를 얻을 수 있습니다. 따라서 한 번에 넓은 영역을 수정하기보다는, 좁은 영역을 여러 단계에 걸쳐 짧은 단어형 프롬프트로 입력하는 것이 좋습니다.

생성 이미지

〔프롬프트〕

A riverside park

생성 이미지

〔프롬프트〕

A little girl

6 | Vary (Region) 기능으로 특정 영역을 선택하여 변형하기

Vary (Region) 기능을 사용하여 특정 영역을 선택하고, 이미지를 지우거나 새로운 이미지를 추가하겠습니다.

01 프롬프트 창을 클릭한 후 '/i'를 입력하고 메뉴에서 [/imagine]을 선택합니다.

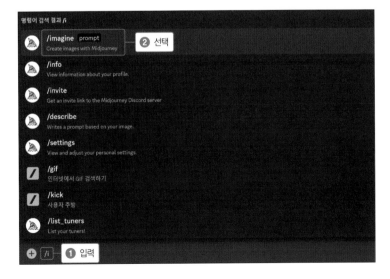

❶ 프롬프트 창을 클릭한 후 '/p'를 입력하고 메뉴에서 [/Prefer remix]를 선택합니다.

❷ Remix mode가 활성화되었다는 메시지가 나타나면 Remix mode 설정이 완료됩니다.

02 프롬프트 창에 'a riverside park'를 입력하고 [Enter]를 누릅니다.

03 이미지 생성이 완료되어 결과물 4개가 나타납니다. 생성된 이미지 결과물 중 첫 번째 이미지가 원하는 이미지와 비슷하므로 〈U1〉 버튼을 클릭해 1번 이미지를 업스케일합니다.

04 이미지에서 벤치를 제거하기 위해 〈Vary (Region)〉 버튼을 클릭하여 디테일을 변형합니다.

05 화면 아래쪽에서 직사각형이나 올가미 도구를 사용해 이미지에서 편집하려는 영역을 선택하고, 제거할 부분을 선택하여 프롬프트를 수정하지 않고 Enter를 누릅니다.

◆ 프롬프트를 수정하지 않으면 자동으로 이미지에 어울리게 영역을 채워줍니다.

06 이미지 생성이 완료되어 결과
물 4개가 나타납니다. 생성된 이미지
결과물 중 세 번째 이미지를 선정하
기 위해 〈U3〉 버튼을 클릭하여 이미
지를 업스케일합니다.

07 선택한 이미지 결과물이 나타납니다. 결과물에 사람을 추가하기 위해 〈Vary (Region)〉
버튼을 클릭합니다.

08 화면 아래쪽의 직사각형이나 올가미 도구를 사용해 이미지에서 편집하려는 영역을 선택합니다. 이미지를 추가할 부분을 선택한 다음 프롬프트를 'a little girl'로 수정하고 Enter를 누릅니다.

09 이미지의 선택된 부분에 소녀가 자연스럽게 추가된 이미지를 제안하는 것을 확인할 수 있습니다.

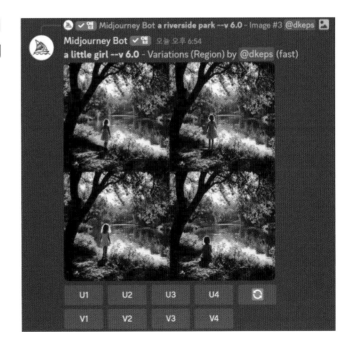

Part 05

정교한 이미지
생성을 위한
**파라미터
사용하기**

CHAPTER 01 프롬프트 내용을 제어하는 파라미터

미드저니의 파라미터는 이미지 생성 시 다양한 설정을 조정할 수 있는 옵션들입니다. 파라미터들은 사용자가 원하는 이미지 스타일, 품질, 형태 등을 맞춤 설정할 수 있도록 도와줍니다.

파라미터는 이미지 생성 시 사용자가 원하는 대로 프롬프트 내용을 조정하고 세밀하게 제어할 수 있도록 돕는 설정들입니다. 동일한 프롬프트라도 파라미터 값에 따라 완전히 다른 이미지를 생성할 수 있습니다. 사용자는 생성될 이미지의 스타일, 세부 사항, 크기 등을 정의할 수 있기 때문에 파라미터를 이해하고 활용하는 것은 미드저니를 효과적으로 사용하는 데매우 중요한 부분입니다. 일반적으로 파라미터는 프로그래밍, 공학, 수학, 통계학 등 다양한분야에서 다음과 같이 사용됩니다.

프로그래밍	• 함수나 메서드에 전달되는 변수를 의미 • 함수의 동작을 사용자의 요구에 맞게 조정하는 데 사용
공학	• 시스템의 특성이나 성능을 정의(저항, 용량, 전력 등) • 회로의 동작을 결정짓는 핵심 요소
수학	• 방정식에서 변수와 함께 사용되어 특정 조건이나 범위를 정의 • 방정식의 해를 일반화하거나 특정 조건을 만족하는 해의 집합을 정의
통계학	• 모집단의 특성을 나타내는 수치(평균, 분산, 표준 편차 등)
사용자 인터페이스(UI)	• 사용자가 조정할 수 있는 설정의 요소 (그래픽 품질, 소리 크기, 화면 해상도 등을 조정할 때 사용하는 슬라이더나 스위치 등)

미드저니의 파라미터는 이미지 생성 과정에서 다양한 기능을 제어하는 데 사용됩니다. 각 파라미터는 특정한 역할을 가지고 있으며, 이를 통해 원하는 크기, 품질 등을 조정할 수 있습니다. 파라미터의 기능은 ❶ 스타일 제어, ❷ 품질 및 디테일 제어, ❸ 크기 및 비율 제어, ❹ 색상 및 요소 제어, ❺ 제어 및 반복 파라미터로 나눌 수 있습니다.

대표적으로 사용되는 15개의 파라미터를 그 기능에 따라 분류하였습니다.

파라미터 기능		파라미터	설명	예시
❶ 스타일 제어	이미지의 시각적 스타일과 표현 강도를 조정	--s(--stylize)	이미지의 장식 요소 강조	--s 500
		--v(--version)	미드저니 버전 설정	--v 5
		--iw	이미지 프롬프트 가중치 조정	--iw 2
		--sw	샘플 이미지의 스타일 강조	--sw 500
		--w(--weird)	실험적인 이미지 표현	--w100
❷ 품질 및 디테일	이미지 품질과 디테일 수준을 제어	--q(--quality)	이미지 품질 설정	--q 2
		--c(--chaos)	이미지의 다양성 조정	--c 50
❸ 크기 및 비율	이미지 해상도와 종횡비(가로,세로 비율)을 설정	--ar	종횡비 설정	--ar 16:9
		--w/--h	이미지의 가로 및 세로 크기 설정	--w 100
❹ 색상 및 요소 제어	특정 색상이나 요소를 포함하거나 배제하도록 설정	--no	특정 요소 배제	--no red
		--style raw	색상 및 조명 스타일 설정	--style 4b
		--niji	애니메이션 스타일로 표현	--niji 6
❺ 제어 및 반복	이미지 생성의 반복성과 제어 강화	--seed	동일한 결과를 반복 생성	--seed 42
		--r(--repeat)	프롬프트 반복	--repeat 5
		--tile	반복 패턴 생성	--tile
		--stop	완성도 조정	--stop 60

파라미터는 프롬프트의 뒷부분에 -- 기호와 함께 알파벳과 숫자로 이루어져 있으며, 이를 파라미터라고 부릅니다. 파라미터를 입력할 때는 프롬프트를 작성한 후 하이픈을 두 번 입력(--)합니다. 파라미터 입력 시 띄어쓰기에 주의해야 하는데, 하이픈과 파라미터 명령어는 붙여 쓰고, 값은 한 칸 띄워서 작성해야 합니다. 프롬프트는 미드저니가 잘 이해할 수 있지만, 파라미터에 오타나 띄어쓰기가 잘못되면 이미지를 생성하지 못할 수 있습니다.

/imagine√프롬프트√--ar√16:9

파라미터   값

▲ 파라미터 구조

파라미터 명칭을 입력한 후 값을 넣을 때는 반드시 한 칸을 띄워 작성하고, 다른 파라미터와 연결할 때도 구분을 위해 한 칸을 띄워 작성해야 합니다.

--ar√16:9√--s√500√--c√10√--√niji√--style√raw

CHAPTER
02

이미지의 장식 요소 강조하기 --s(--stylize)

--s(--stylize) 파라미터는 미드저니에서 스타일 강도를 조절하는 옵션입니다. 값이 낮으면 사실적이고 간결한 이미지가, 높으면 창의적이고 화려한 스타일이 강조됩니다.

미드저니의 --stylize 파라미터는 AI가 창의적인 스타일을 강조하거나 스타일의 디테일을 낮추는 기능을 합니다. 값이 작을수록 사용자가 지정한 프롬프트에 더 충실하고 창의성은 제한됩니다. 반대로 값이 크면 독창적인 해석을 강하게 반영하여 더 예술적인 결과를 생성합니다. 기본값은 100이며, 범위는 0에서 1000까지입니다. 스타일을 강조하고 싶을 때는 100 이상의 값을 입력하면 됩니다.

> 기본값: 100
> 범위: 0 – 1000

또한, settings에서 〈Stylize〉 버튼을 클릭하여 설정하면 stylize low (--s50), stylize medium (--s100), stylize high (--s250), stylize (--s750)으로 설정됩니다. 따라서 〈Stylize〉 버튼을 클릭해 사용하거나 다양한 값으로 이미지를 조정하려면 --s 값을 변경하여 작업하면 됩니다. 다음의 이미지들은 --s 값을 다양하게 변경한 예시입니다.

abstract, Flower bouquet

--s 0　　　　　　　　　　　　　　　　　　**--s 50**

--s 100　　　　　　　　　　　　　　　　**--s 250**

266

--s 400

--s 500

--s 600

--s 750

267

파라미터 --s100과 --s750 값을 적용하여 이미지를 만들어 봅니다. 기본값을 입력한 다음 생성된 이미지와 최대값을 입력하여 이미지가 얼마나 변형되었는지 비교하겠습니다.

01 프롬프트 창을 클릭한 후 '/i'를 입력하고 메뉴에서 [/imagine]을 선택합니다.

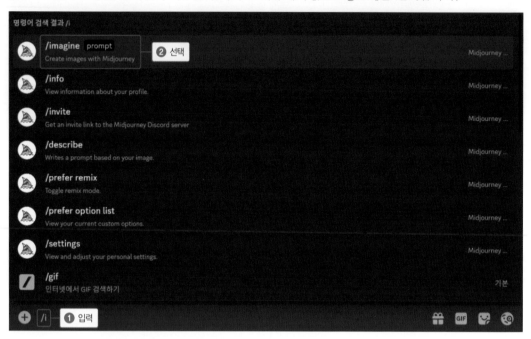

02 프롬프트 창에 'abstract, Flower bouquet --s 100'을 입력하고 Enter를 누릅니다.

03 --s 100은 기본값이라 생략되고
이미지 생성이 완료되어 결과물 4개가 나
타납니다.

04 이번에는 프롬프트 창에 'abstract, Flower bouquet --s 750'을 입력하고 Enter 를 누
릅니다.

05 이미지 생성이 완료되어 결과물 4
개가 나타납니다. 장식 요소를 비교해 봅
니다.

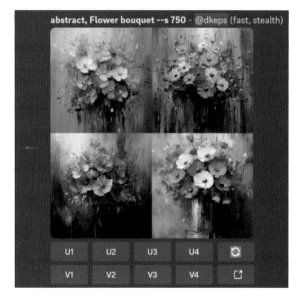

CHAPTER 03

버전 설정하기
--v(--version)

--v(--version) 파라미터는 특정 버전의 모델을 선택하여 이미지를 생성하는 기능입니다. 이 파라미터를 사용하면, 각 버전에서 제공하는 스타일과 성능 차이를 반영한 이미지를 생성할 수 있습니다.

미드저니의 --version 파라미터는 이미지 생성 시 사용할 알고리즘 버전을 지정하는 데 사용됩니다. 각 버전은 이미지의 스타일, 품질, 디테일 표현 등에 차이가 있으므로 원하는 결과물에 맞는 적절한 버전을 선택하는 것이 중요합니다. 지금까지 버전별 특징과 업데이트된 내용은 다음과 같습니다.

버전	개선 사항	특징
V1	초기 버전으로, 추상적이고 평면적인 이미지 생성에 중점	디테일 표현과 복잡한 장면 묘사에 한계
V2	V1보다 이미지 품질과 디테일 표현이 향상	여전히 복잡한 장면 표현에는 일부 제한
V3	프롬프트 해석 능력과 디테일 표현이 크게 향상	인물화와 복잡한 장면에서도 안정적인 결과물 생성
V4	이미지 해상도와 다이내믹 레인지가 개선되었으며, 프롬프트 해석 능력 강화	다양한 스타일의 이미지 생성 가능
V5	사진과 같은 사실적인 이미지 생성 가능 조명과 텍스처 표현이 자연스러움	프롬프트에 대한 해석 능력 강화 사용자 의도를 정확하게 반영
V5.1	프롬프트 해석의 정확성과 일관성 개선	짧은 단어형 프롬프트에 대한 이해도가 높아짐
V6	디테일 표현과 복잡한 텍스처, 조명 표현이 더 사실적으로 개선	다양한 스타일을 자유롭게 반영 인물 묘사에서 자연스러운 디테일 표현 가능
V6.1	이미지의 픽셀, 텍스처, 질감 표현 향상 새로운 2배 업스케일러 제공	프롬프트에 대한 정확도 상승 이미지 생성 속도 약 25% 향상

파라미터 --v6 값을 적용하여 이미지를 만들어 봅니다. 기본값을 입력한 후 생성된 이미지와 최대값을 입력하여 이미지가 얼마나 변형되었는지 비교하겠습니다.

01 프롬프트 창을 클릭한 후 '/i'를 입력하고 메뉴에서 [/imagine]을 선택합니다.

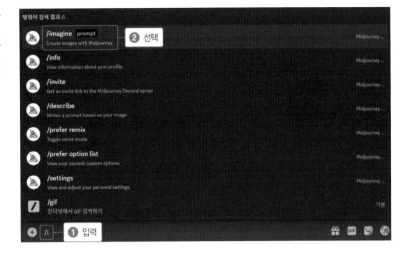

02 프롬프트 창에 'a boy who smiles brightly with a plant --v 6'을 입력하고 [Enter]를 누릅니다. ◆ 버전을 입력하지 않으면 가장 최신 버전이 자동으로 적용됩니다.

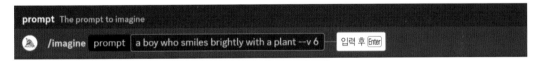

03 이미지 생성이 완료되어 결과물 4개가 나타납니다.

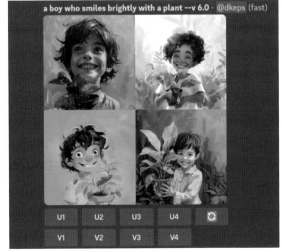

--v 1

--v 2

--v 3

--v 4

--v 5

--v 5.2

--v 6

CHAPTER

04

이미지 가중치 조정하기
--iw(image weight)

--iw 파라미터는 Image Weight의 약자로, 업로드한 이미지가 생성된 이미지에 미치는 영향을 조정하는 기능입니다. 이 파라미터를 사용하면 이미지의 중요도를 설정할 수 있으며, 값을 높이면 업로드한 이미지의 특징이 더 강하게 반영되고, 값을 낮추면 텍스트 프롬프트의 영향을 더 크게 받을 수 있습니다.

미드저니의 --iw 파라미터는 이미지 프롬프트의 가중치를 조정하는 데 사용됩니다. 이 파라미터는 이미지와 텍스트 프롬프트 간의 중요도를 균형 있게 조절할 수 있도록 도와줍니다. 이미지에서 특정 스타일, 색감 또는 형태를 강조하고 싶을 때 --iw를 사용하여 조정할 수 있습니다. 값이 지나치게 크면 텍스트의 영향이 거의 반영되지 않을 수 있으므로, 이미지와 텍스트 간 조화를 위해 적절히 조정하는 것이 가장 효과적입니다. 기본값은 1이며, 값이 커지면 이미지가 더 강조되고, 값이 작으면 텍스트가 더 강조됩니다.

기본값: 1(이미지 프롬프트와 텍스트 프롬프트가 동등한 비중으로 처리)
범위: 0.1 이상의 값 사용(값이 커질수록 이미지 프롬프트가 더 큰 영향을 미침)
　　(텍스트 프롬프트에 비중 <0.1<이미지 프롬프트에 비중)

다음 예시는 --iw 값을 다양하게 변경한 예시입니다. 값이 1 이하일 때는 드레스가 확실히 보이지만, 1 이상으로 설정하면 드레스보다는 꽃의 이미지 비중이 더 커지는 것을 확인할 수 있습니다.

flower.jpg(예시 이미지)

프롬프트

flower.jpg URL A floral-embellished dress

--iw 0.5   **--iw 1(기본 설정)**

--iw 1.5   --iw 2

--iw 2.5   --iw 3

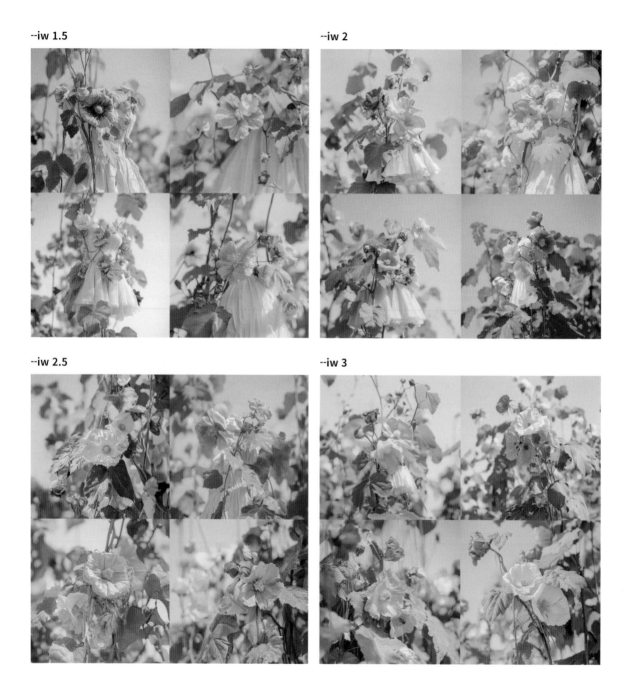

파라미터 --iw1과 --iw3 값을 적용하여 이미지를 만들어 봅니다. 기본값을 입력한 후 생성된 이미지와 최대값을 입력하여 이미지가 얼마나 변형되었는지 비교하겠습니다.

01 프롬프트 창 옆의 + 아이콘을 클릭하고 [파일 업로드]를 선택하여 참고할 이미지 파일을 업로드하거나 이미지를 드래그해 업로드합니다.

02 이미지가 나타나면 [Enter]를 눌러 이미지를 업로드합니다.

03 이미지를 눌러 확대되면 마우스 오른쪽 버튼을 클릭하고 [링크 복사하기]를 선택하여 이미지 링크를 복사합니다.

04 프롬프트 창을 클릭한 후 '/i'를 입력하고 메뉴에서 [/imagine]을 선택합니다.

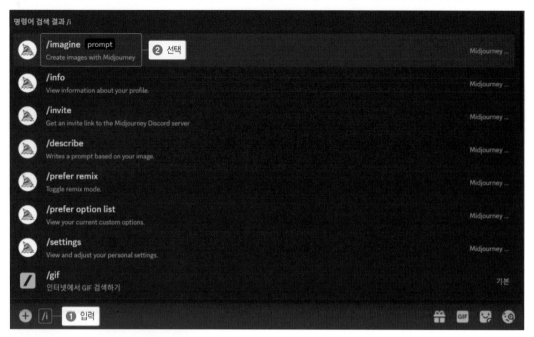

05 프롬프트 창에 복사한 이미지 링크와 함께 프롬프트와 파라미터 'A floral-embellished dress --iw 1'을 입력하고 Enter를 누릅니다.

◆ 이미지 링크와 프롬프트는 Spacebar 를 눌러 띄워야 합니다.

06 프롬프트를 실행하면 'Waiting to start' 문구가 나타나고, 이미지 생성이 완료되면 요약된 링크(https://s.mj.run/mzm8CVRfWi8A floral-embellished dress)로 이미지 4개가 나타납니다.

◆ --iw 1은 기본값이므로 생략됩니다.

07 이번에는 프롬프트 창에 'https://s.mj.run/mzm8CVRfWi8 A floral-embellished dress --iw 3'을 입력하고 [Enter]를 누릅니다.

08 이미지 생성이 완료되어 이미지 링크에 더욱 가까운 결과물 4개가 나타납니다.

스타일에 가중치 적용하기
--sw(stylize weight)

--sw(stylize weight) 파라미터는 이미지 생성 시 스타일의 강도를 조절하는 기능입니다. 이 파라미터를 사용하면 스타일 프롬프트가 이미지 생성에 미치는 영향을 설정할 수 있습니다. 값이 높을수록 스타일이 더 강하게 반영되고, 값이 낮을수록 스타일의 영향이 덜해집니다. 이를 통해 사용자는 이미지의 스타일을 더 세밀하게 조정할 수 있습니다.

미드저니의 --sw 파라미터는 스타일 강도의 가중치를 조정하는 데 사용됩니다. 즉, 참조한 이미지의 스타일이 새로 생성되는 이미지에 반영되는 정도를 조정할 수 있습니다. 가중치를 적용하는 방법은 참조 이미지의 스타일이 새로 생성된 이미지에 얼마나 반영될지 입력하는 것입니다. 미드저니에서 --sref 명령어를 사용하려면 이미지 묘사 프롬프트, --sref, 참조할 이미지의 URL 세 가지 요소를 순서대로 입력해야 하며, 각 요소 사이에는 반드시 띄어쓰기를 해야 합니다.

AI는 창의적인 스타일을 강조하거나 반대로 스타일의 디테일을 낮출 수 있습니다. 값이 작으면 사용자가 지정한 프롬프트에 더욱 충실하고 창의성은 제한됩니다. 반대로 값이 크면 독창적인 해석이 강하게 반영되어 더 예술적인 결과를 생성합니다. 기본값은 1이며, 사용자가 별도로 --sw 값을 설정하지 않으면 이 기본값이 적용됩니다. 범위는 0에서 1000까지이며, 값이 클수록 AI 스타일링이 더 강조됩니다.

> 기본값: 1
> 범위: 0~1000

다음 예시는 --s 값을 다양하게 변경한 예시입니다. 값이 작을수록 텍스트 프롬프트에 더 비중을 두어 이미지를 생성하는 것을 확인할 수 있습니다.

art.jpg(예시 이미지)

프롬프트

blue bird --sref art.jpg URL

--sw 50

--sw 100

--sw 500

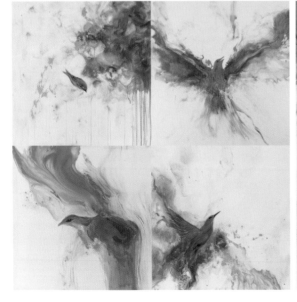

--sw 1000

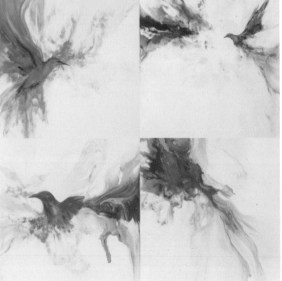

파라미터 --sw50과 --sw1000 값을 적용하여 이미지를 만들어 봅니다. 기본값을 입력한 후 생성된 이미지와 최대값을 입력하여 이미지가 얼마나 변형되었는지 비교하겠습니다.

01   프롬프트 창 옆의 + 아이콘을 클릭하고 [파일 업로드]를 선택하여 참고할 이미지 파일을 업로드하거나 이미지를 드래그해 업로드합니다.

02   이미지가 나타나면 Enter를 눌러 이미지를 업로드합니다.

03   이미지를 눌러 확대되면 마우스 오른쪽 버튼을 클릭하고 [링크 복사하기]를 선택하여 이미지 링크를 복사합니다.

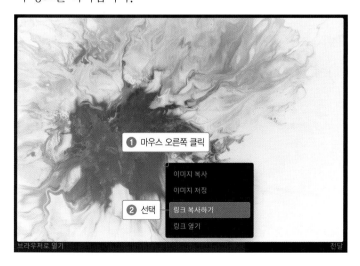

04 프롬프트 창을 클릭한 후 '/i'를 입력하고 메뉴에서 [/imagine]을 선택합니다.

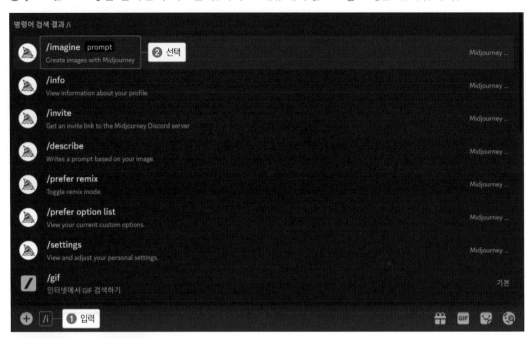

05 프롬프트 창에 프롬프트 'blue bird'를 입력하고 참조할 이미지 링크를 ––sref 뒤에 입력합니다. sref 가중치를 조절하는 파라미터 ––sw를 붙인 후 Enter를 누릅니다.

06 프롬프트를 실행하면 'Waiting to start' 문구가 나타나고, 이미지 생성이 완료되면 요약된 링크(blue bird --sref https://s.mj.run/ecl6zxZ6BFs --sw 50)로 결과물 4개가 나타납니다.

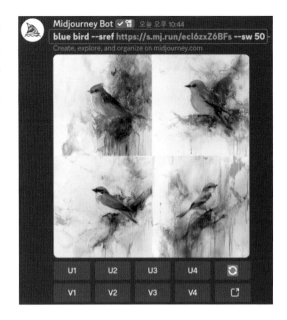

07 이번에는 프롬프트 창에 'blue bird --sref https://s.mj.run/ecl6zxZ6BFs --sw 1000'을 입력하고 Enter 를 누릅니다.

08 이미지 생성이 완료되어 참조한 이미지에 더욱 가까운 결과물 4개가 나타납니다.

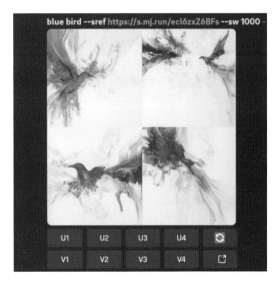

CHAPTER 06

실험적인 이미지 표현하기 --w(--weird)

--w(--weird) 파라미터는 이미지 생성 시 독창적이고 기이한 요소를 추가하는 기능입니다. 이 파라미터의 값을 높이면, 더 이상하고 창의적인 결과물이 생성됩니다. 즉, 예상치 못한 스타일이나 특이한 디테일을 포함한 이미지를 만들고 싶을 때 사용합니다. 값이 클수록 이미지가 더 기이하고 독특한 형태를 띠게 됩니다.

미드저니의 --w 파라미터는 이미지 생성에서 독창성과 예측 불가능성을 높여 입력된 프롬프트를 더 창의적이고 특이한 방식으로 결과물을 만들어냅니다. 따라서 창의적인 실험이나 기발하고 독특한 스타일을 얻고자 할 때 이 기능을 사용하는 것이 효과적입니다. 기본값은 0이며, 범위는 0에서 3000까지입니다. 값이 커질수록 이미지가 더 기괴하고 비정형적으로 생성됩니다. 결과물이 예측하기 어렵기 때문에 반복 실험을 통해 원하는 스타일을 찾아야 하며, 독창적인 이미지를 생성하는 데 시간이 걸릴 수 있습니다.

기본값: 0
범위: 0~3000

다음 예시는 --w 값을 다양하게 변경한 예시입니다. 값이 커질수록 예측 불가능한 호랑이 그림들이 생성되는 것을 확인할 수 있습니다.

프롬프트

abstract, tiger

--w 0

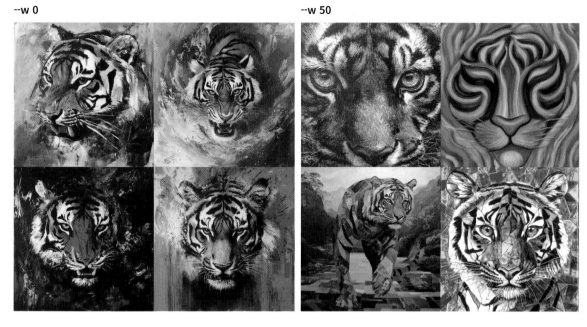

--w 50

--w 100

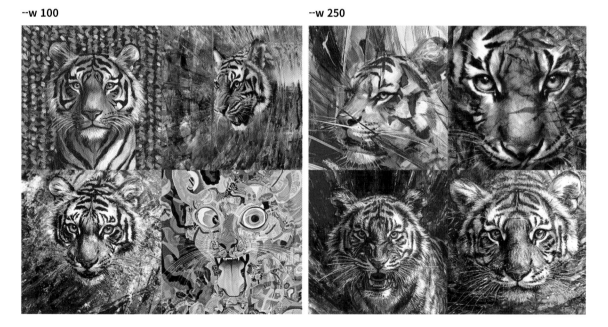

--w 250

--w 500

--w 750

파라미터 --w0와 --w750 값을 적용하여 이미지를 만들어 봅니다. 기본값과 최대값을 각각
입력한 후 생성된 이미지의 차이를 비교하겠습니다.

01 프롬프트 창을 클릭한 후 '/i'를 입력하고 메뉴에서 [/imagine]을 선택합니다.

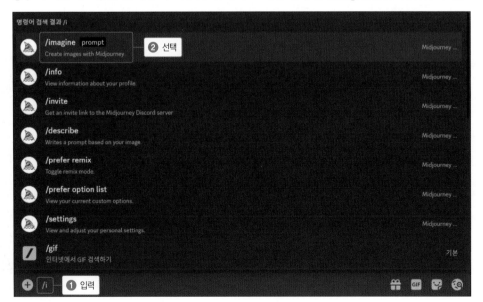

02 프롬프트 창에 'abstract, tiger --w 0'을 입력하고 Enter를 누릅니다.

03 --w 0은 기본값이므로 생략되고 이미지 생성이 완료되어 결과물 4개가 나타납니다.

04 이번에는 프롬프트 창에 'abstract, tiger --w 750'을 입력하고 Enter를 누릅니다.

05 이미지 생성이 완료되어 결과물 4개가 나타납니다.

이미지 품질 설정하기
--q(--quality)

--q(--quality) 파라미터는 이미지의 디테일과 렌더링 시간을 조절하는 기능입니다. 값이 높을수록 더 정교한 이미지가 생성되지만, 더 많은 처리 시간이 소요됩니다.

미드저니의 --q 파라미터는 이미지 생성의 품질과 디테일 수준을 제어합니다. 값이 클수록 더 정교하고 디테일한 이미지가 생성되지만 처리 시간이 길어집니다. 일반적으로 범위는 0.25에서 2 사이이며, 기본값은 1입니다. --q 2는 고품질 이미지를, --q 0.5는 간단한 이미지를 빠르게 생성합니다. 따라서 고품질 이미지는 예술 작품이나 사실적인 장면 생성에 적합하며, 낮은 품질로 설정하면 빠르게 컨셉을 확인하는 데 유용합니다.

기본값: 1
범위: 0.25, 0.5, 1, 2

--q 파라미터	품질(화질)	생성 속도
--q 0.25	25% 낮은 품질	4배 속도
--q 0.5	50% 낮은 품질	2배 속도
--q 1	기본값	–

다음 예시는 --q 값을 다양하게 변경한 예시입니다.

A cozy house

--q 0.5

--q 1

--q 2

파라미터 --q0.5와 --q2 값을 적용하여 이미지를 만들어 봅니다. 가장 낮은 값을 입력한 후 생성된 이미지와 최대값을 입력하여 이미지 생성 속도와 품질 차이를 비교하겠습니다.

01 프롬프트 창을 클릭한 후 '/i'를 입력하고 메뉴에서 [/imagine]을 선택합니다.

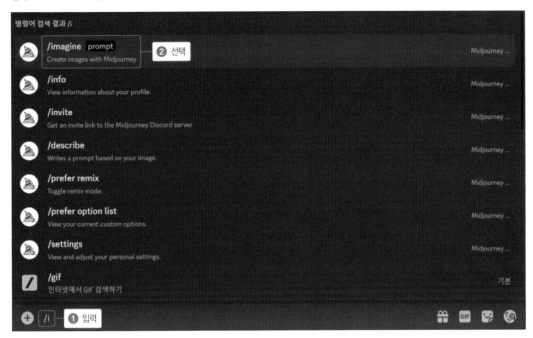

02 프롬프트 창에 'A cozy house --q 0.5'를 입력하고 [Enter]를 누릅니다.

03 이미지 생성이 완료되어 결과물 4개가
나타납니다.

04 이번에는 프롬프트 창에 'A cozy house q 2'를 입력하고 Enter 를 누릅니다.

05 이미지 생성이 완료되어 결과물 4개가
나타납니다.

의외의 결과 생성하기
--c(--chaos)

CHAPTER 08

--c 파라미터는 Chaos를 조정하는 기능입니다. 이 파라미터의 값이 클수록 이미지 생성 과정에서 더 많은 창의적이고 예측 불가능한 요소가 반영됩니다. 값이 낮으면 생성된 이미지가 더 안정적이고 일관된 결과를 제공하며, 값이 높을수록 더 독창적이고 실험적인 이미지가 생성됩니다.

미드저니의 --c 파라미터는 이미지 생성 결과의 다양성과 예측 불가능성을 제어합니다. 기본 프롬프트 뒤에 이 파라미터를 추가하면 값에 따라 4개의 다른 이미지를 생성합니다. 기본 값은 0이며, 범위는 0에서 100까지입니다. 값이 0에 가까울수록 매우 안정적이고 일관된 결과물이 생성되며, 값이 100에 가까울수록 실험적이고 다양성이 높은 이미지를 생성합니다. 따라서 다양한 해석이 필요한 컨셉 작업이나 초기 아이디어 스케치에 유용하게 활용할 수 있습니다.

기본값: 0
범위: 0 ~ 100

다음 예시는 --c 값을 다양하게 변경한 예시입니다. 값이 커질수록 꽃에 대한 표현이 의외로 다양하게 나타나는 것을 확인할 수 있습니다.

--c 0

쓰롬쓰트
flowers and dog

--c 50   --c 100

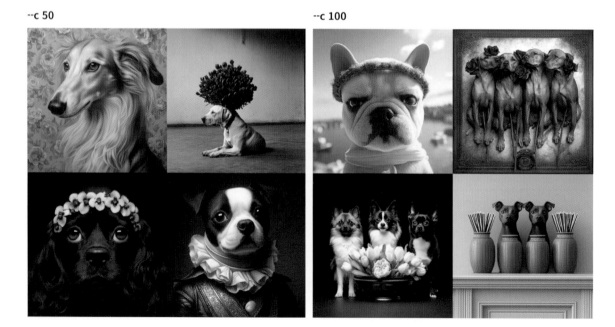

296

파라미터 --c50 값을 적용하여 이미지를 만들겠습니다.

01 프롬프트 창을 클릭한 후 '/i'를 입력하고 메뉴에서 [/imagine]을 선택합니다.

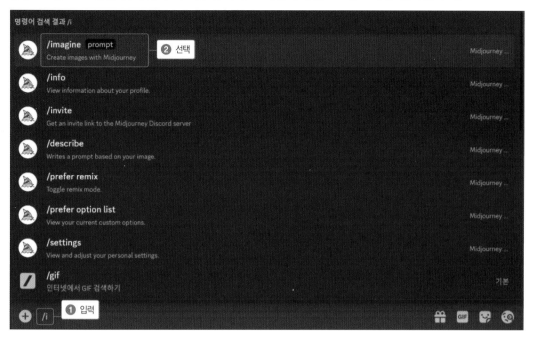

02 프롬프트 창에 'Flowers and Dogs − − c 50'을 입력하고 [Enter]를 누릅니다.

◆ --c 뒤의 숫자가 커질수록 프롬프트와 더 거리가 먼 이미지가 생성됩니다.

03 이미지 생성이 완료되어 결과물 4개가 나타납니다.

종횡비 설정하기 --ar, --aspect(Aspect Ratio)

CHAPTER 09

--ar 파라미터는 Aspect Ratio(비율)를 설정하는 기능입니다. 이 파라미터를 사용하면 생성되는 이미지의 가로와 세로의 비율을 조정할 수 있습니다.

미드저니의 --ar 파라미터는 가로와 세로의 비율을 지정하여 이미지의 크기와 구도를 조정합니다. 비율 설정을 통해 세로형, 가로형, 정사각형 이미지를 포함한 다양한 구도를 시도할 수 있습니다. 값의 형식은 --ar [가로]:[세로]이며, 미드저니에서는 기본적으로 정사각형 비율(1:1)로 이미지를 생성합니다. 기본값은 정사각형(1:1)이며, 일반적인 옵션으로는 와이드스크린(16:9) 또는 세로형(9:16) 등이 있습니다. 단, 지나치게 비정상적인 비율을 입력하면 미드저니가 생성할 수 있는 총 픽셀 수에 제한이 있어 처리되지 않을 수 있습니다.

기본값: 1:1
범위: 제한 없음

다음 예시는 --ar 값을 다양하게 변경한 예시입니다.

--ar 1:1

--ar 3:4

--ar 2:1

파라미터 --ar 16:9 값을 적용하여 이미지를 만들겠습니다.

01 프롬프트 창을 클릭한 후 '/i'를 입력하고 메뉴에서 [/imagine]을 선택합니다.

02 프롬프트 창에 'a beautiful castle --ar 16:9'를 입력하고 Enter를 누릅니다.

◆ --ar 또는 --aspect를 입력하지 않으면 기본 비율인 1:1로 생성됩니다.

03 이미지 생성이 완료되어 비율이 적용된 이미지 결과물 4개가 나타납니다.

CHAPTER
10

특정 내용 표현하지 않기 --no

미드저니의 --no 파라미터는 이미지 생성 시 특정 요소를 제외하는 데 사용됩니다. --no 파라미터를 활용하면 AI가 원하지 않는 요소를 포함하는 확률을 줄여 보다 정교한 프롬프트를 만들 수 있습니다.

미드저니의 --no 파라미터는 이미지 생성 시 특정 요소를 배제하거나 제거하는 기능을 제공합니다. 이 파라미터를 사용하면 프롬프트에 포함된 텍스트와는 반대로 특정 대상이나 스타일을 생성 결과에서 제외할 수 있습니다. 또한 --no 뒤에 :: 숫자를 추가해 적용 강도를 조정할 수 있으며, 일반적으로 weight 값은 0.1에서 2.0 사이로 설정할 수 있습니다.

프롬프트
--no [keyword]::[weight]

파라미터 --no 값을 적용하여 이미지를 만들겠습니다.

01 프롬프트 창을 클릭한 후 '/i'를 입력하고 메뉴에서 [/imagine]을 선택합니다.

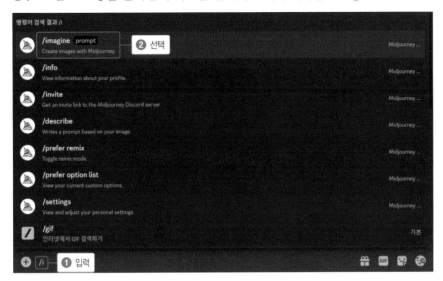

02 프롬프트 창에 'an airplane in the blue sky'를 입력하고 Enter를 누릅니다.

03 이미지 생성이 완료되어 결과물 4개가 나타납니다.

04 구름이 없는 파란 하늘 이미지를 만들기 위해 프롬프트 창에 'an airplane in the blue sky --no clouds'를 입력하고 Enter 를 누릅니다.

05 이미지 생성이 완료되어 결과물 4개가 나타납니다.

CHAPTER
11

프롬프트 그대로 생성하기 --style raw

--style raw 파라미터는 이미지 생성 시 기본적이고 순수한 스타일을 적용하는 기능입니다. 이 옵션을 사용하면 미드저니가 제공하는 더 자연스러운, 즉 기본적이고 세련되지 않은 스타일로 이미지를 생성하게 됩니다.

미드저니의 --style raw 파라미터는 AI의 스타일링을 최소화하고, 사용자 프롬프트에 더욱 충실한 결과를 만들어줍니다. 이 옵션을 사용하면 미드저니의 독창적이고 예술적인 스타일 해석이 억제되며, 입력된 프롬프트를 최대한 그대로 반영하여 이미지가 생성됩니다. 따라서 사용자가 지정한 요소에 더 집중하여 정확하고 기술적인 이미지를 생성할 수 있으며, 건축 도면, 제품 디자인, 기계적 구성 요소 등 추상적 스타일이 없는 사실적인 이미지 생성에 유용합니다.

다음 예시는 --style raw 값을 적용한 전후의 예시입니다.

프롬프트

A beautiful woman from medieval times, castle background

프롬프트

A beautiful woman from medieval times, castle background --style raw

프롬프트

black and white flower icon

프롬프트

black and white flower icon --style raw

파라미터 --style raw 값을 적용하여 이미지를 만들겠습니다.

01 프롬프트 창을 클릭한 후 '/i'를 입력하고 메뉴에서 [/imagine]을 선택합니다.

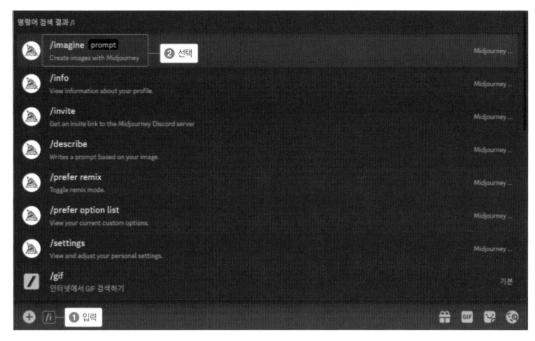

02 프롬프트 창에 'a comfortable white house with a blue roof by the sea'를 입력하고 Enter를 누릅니다.

03 이미지 생성이 완료되어 비율이
적용된 결과물 4개가 나타납니다.

04 프롬프트에 좀 더 충실한 이미지를 만들기 위해 프롬프트 창에 'a comfortable white house with a blue roof by the sea - -style raw'를 입력하고 Enter 를 누릅니다.

05 이미지 생성이 완료되어 비율이
적용된 결과물 4개가 나타납니다.

일본 애니메이션풍의 이미지 만들기 --niji

--niji 파라미터는 일본 애니메이션 스타일의 이미지를 생성하는 데 특화된 특별한 옵션으로, 애니메이션과 만화에서 영감을 받은 독특한 시각적 요소를 반영합니다.

--niji 파라미터는 미드저니의 기본적인 스타일을 넘어서, 일본 애니메이션 특유의 감성적이고 섬세한 미학을 중심으로 이미지를 구성하는 데 유용합니다. --niji를 사용하면 미드저니가 제공하는 기본적인 이미지 생성 방식이 아닌, 일본 애니메이션의 캐릭터 디자인, 색감, 라인워크, 그리고 배경을 중시한 스타일로 이미지를 생성하게 됩니다. 일본 애니메이션의 고유한 특징인 큰 눈, 뚜렷한 감정 표현, 그리고 풍부한 색감이 강조되며, 드라마틱한 조명, 부드러운 색상 전환, 그리고 자연스러운 캐릭터와 배경의 결합 등 애니메이션 스타일의 섬세한 디테일이 반영됩니다. 또한, 이 파라미터는 만화적인 선명한 윤곽선과 다채로운 배경을 포함한 이미지를 생성할 때 유용합니다.

--niji는 일본 애니메이션뿐만 아니라, 만화 스타일의 이미지를 원하는 사용자에게도 적합합니다. 예를 들어, 애니메이션에서 자주 볼 수 있는 도시 풍경, 판타지 세계, 사이키델릭한 배경 등과 같은 요소를 보다 사실적이고 매력적인 방식으로 구현할 수 있습니다. 특히, 이 파라미터는 일본 애니메이션 특유의 감성을 잘 표현하여, 창의적이고 독특한 애니메이션 장면을 만들어내는 데 도움을 줍니다.

01 프롬프트 창을 클릭한 후 '/i'를 입력하고 메뉴에서 [/imagine]을 선택합니다.

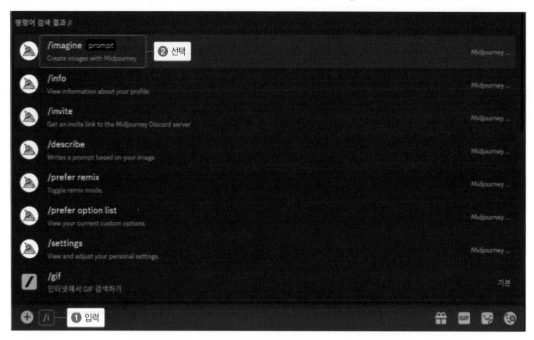

02 프롬프트 창에 'a woman in school uniform - - niji'를 입력하고 Enter를 누릅니다.

03 이미지 생성이 완료되어 결과물 4개가 나타납니다.

◆ 자동으로 niji의 최신 버전인 --niji 6로 적용됩니다.

CHAPTER
13

이미지 분위기 일치시키기
--seed

--seed 파라미터는 이미지 생성 시 시드값을 설정하여 동일한 결과를 반복적으로 생성할 수 있게 해주는 기능입니다. 시드값은 랜덤값을 초기화하는 역할을 하며, 특정 시드값을 사용하면 동일한 입력과 조건에서 항상 같은 이미지를 얻을 수 있습니다. 이를 통해 사용자는 이미지 생성 결과를 예측 가능하게 만들거나, 원하는 스타일과 구성을 반복할 수 있습니다.

미드저니의 --seed 파라미터는 AI가 창의적인 스타일을 강조하거나 스타일의 디테일을 낮추는 기능을 제공합니다. 값이 작으면 사용자가 지정한 프롬프트에 더 충실하고, 창의성은 제한됩니다. 반대로 값이 크면 독창적인 해석을 강하게 반영하여 더 예술적인 결과를 생성합니다. 기본값은 100이며, 범위는 0에서 1000까지입니다. 스타일을 강조하고 싶을 때는 100 이상의 값을 입력합니다.

같은 seed 값을 사용하더라도 미드저니 버전, 품질(--q), 종횡비(--ar) 등의 설정에 따라 결과물이 약간 달라질 수 있습니다. 텍스처와 디테일은 변할 수 있지만, 기본 구도와 스타일은 유지됩니다.

> 기본값: 100
> 범위: 0~1000

또한, Settings에서 〈Stylize〉 버튼을 클릭하여 설정하면 stylize low (--s50), stylize medium

(--s100), stylize high (--s250), stylize (--s750)으로 설정됩니다. 따라서 〈Stylize〉 버튼을 클릭해 사용하거나 다양한 값으로 이미지를 조정하려면 --s 값을 변경하여 작업합니다.

다음 예시는 --s 값을 다양하게 변경한 예시입니다.

01 프롬프트 창을 클릭한 후 '/i'를 입력하고 메뉴에서 [/imagine]을 선택합니다.

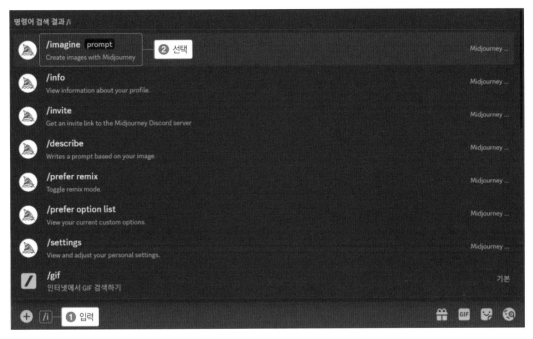

02 프롬프트 창에 'A cute puppy'를 입력하고 Enter 를 누릅니다.

03 이미지 생성이 완료되어 결과물
4개가 나타납니다.

04 스타일이 마음에 들어 seed 번호를 확인하기 위해 프
로필 아래의 Midjourney Bot 아이콘을 클릭합니다.

05 seed 번호를 복사해서 다시 기존 채팅방으로 돌아옵니다.

06 이번에는 프롬프트를 조금 바꿔서 프롬프트 창에 'Two cute puppies --seed 1845443465'를 입력하고 Enter를 누릅니다.

07 이미지 생성이 완료되어 결과물 4개가 나타납니다.

프롬프트

A cute puppy

A cute puppy

Two cute puppies --seed 1845443465

이미지 재생성 횟수 설정하기
--r/--repeat

--r(--repeat) 파라미터는 동일한 프롬프트로 이미지를 자동 생성하는 옵션입니다. 기본적으로 한 번만 생성되지만, 이 값을 증가시키면 동일한 설정으로 여러 장의 이미지를 연속해서 생성할 수 있습니다. 단, 높은 값은 처리 속도를 느리게 하고, 사용 가능한 GPU 시간도 더 소모합니다.

--r(--repeat) 파라미터는 미드저니에서 동일한 프롬프트로 여러 번 이미지를 생성하도록 설정하는 옵션입니다. 기본적으로 미드저니는 한 번의 요청당 한 세트(4개의 이미지)를 생성하지만, --repeat 값을 설정하면 같은 프롬프트를 반복 실행하여 여러 세트를 자동으로 생성할 수 있습니다.

사용 방법은 다음과 같습니다.

/imagine prompt: futuristic cityscape --repeat 5

위와 같이 사용하면 동일한 futuristic cityscape 프롬프트로 5세트(총 20장)의 이미지를 자동 생성합니다.

--repeat 값은 최대 40까지 설정할 수 있으며, --repeat을 사용할 경우, 미드저니가 한 번의 요청을 여러 번 실행하는 것이므로 대기열waiting time이 길어질 수 있습니다. 한 번에 요청하는 이미지 수가 많아지면, 미드저니의 Fast 모드에서 더 많은 GPU 시간이 소모됩니다.

--repeat은 동일한 프롬프트를 그대로 반복 실행하는 것이므로, 매번 같은 스타일의 변형이 생성될 수 있습니다. 다양한 결과를 원한다면 프롬프트를 조금씩 변경하거나, --chaos 파라미터를 활용하는 것이 좋습니다. 즉, --repeat은 반복 생성이 필요할 때 유용하지만, GPU 사용량과 대기 시간을 고려하여 적절히 조절해야 하는 파라미터입니다.

01 프롬프트 창을 클릭한 후 '/i'를 입력하고 메뉴에서 [/imagine]을 선택합니다.

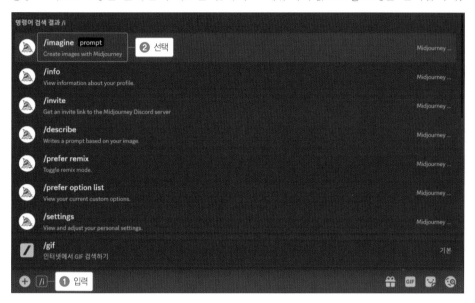

02 프롬프트 창에 'tree - - r 2'를 입력하고 Enter 를 누릅니다.

03 두 개의 프롬프트를 생성할지 묻는 메시지가 나타나면 〈Yes〉 버튼을 클릭합니다.

04 두 개의 작업이 동시에 진행됩니다.

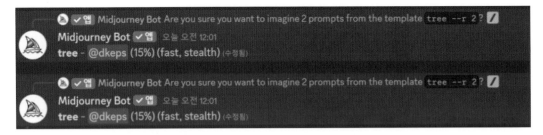

05 이미지 생성이 완료되어 결과물이 프롬프트당 4개가 나타납니다.

Basic plan	2~4
Standard plan	2~10
Pro plan / Mega plan	2~40

▲ 구독하는 플랜마다 반복할 수 있는 횟수 제한이 있습니다.

CHAPTER
15

패턴 이미지 만들기
--tile

--tile 파라미터는 연속적으로 이어지는 패턴 이미지를 생성하는 옵션입니다. 이를 활용하면 타일링
이 가능한 배경, 벽지, 텍스처 등을 만들 수 있으며, 원활하게 연결되는 반복적인 디자인을 제작할
수 있습니다.

--tile을 사용하면 이미지의 경계 부분이 자연스럽게 연결되어 반복 사용이 가능합니다. 주
로 배경, 직물 디자인, 게임 텍스처, 웹 디자인 등에 활용됩니다. 물론, 캐릭터나 특정 장면
처럼 비연속적인 개체가 포함된 이미지에서는 타일링이 어색하게 표현될 수 있습니다. 미드
저니의 기본 이미지 크기는 정사각형(1:1)이므로, 타일링을 위한 이미지를 사용할 때는 이미
지 크기 조정 후 타일링 테스트를 해보는 것이 좋습니다.

파라미터	설명
--v 5	미드저니 V5 사용 가능
--ar 2:1	가로, 세로 비율 조정 (예: 2:1 비율)
--q 2	품질 향상 (기본값 1, 최대 5)
--stylize 500	스타일 강조 (높을수록 창의적 이미지 생성)

▲ --tile과 함께 사용하면 좋은 파라미터

01 프롬프트 창을 클릭한 후 '/i'를 입력하고 메뉴에서 [/imagine]을 선택합니다.

02 프롬프트 창에 'A simple heart pattern --tile'을 입력하고 Enter를 누릅니다.

03 이미지 생성이 완료되어 결과물 4개가 나타납니다.

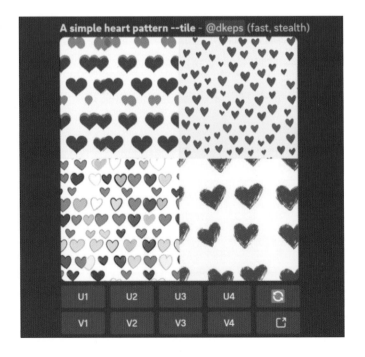

04 네 번째 이미지가 마음에 들어 〈U4〉 버튼을 클릭하여 업스케일합니다.

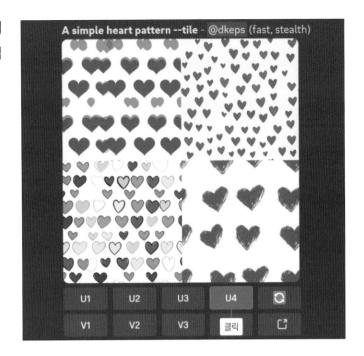

05 이미지를 저장하고 이를 활용하여 패턴을 만들 수 있습니다.

CHAPTER
16

중간 단계에서 생성 멈추기 --stop

--stop 파라미터는 미드저니가 이미지 생성을 완료하기 전에 특정 진행 단계에서 멈추도록 설정하는 옵션입니다. 이를 활용하면 덜 완성된 형태의 이미지를 얻거나, 생성 과정에서 원하는 스타일을 조기에 포착할 수 있습니다.

미드저니는 0%에서 100%까지 점진적으로 이미지를 발전시키며 생성합니다.

--stop 50 → 50% 진행된 상태에서 멈춤

--stop 80 → 80%까지 생성 후 중단

낮은 값을 설정할수록 덜 완성된 러프한 이미지, 높은 값을 설정하면 거의 다 만들어진 이미지를 얻을 수 있습니다. 즉, 완전히 다듬어지기 전에 중단하면, 스케치 느낌의 이미지를 얻을 수 있으며, --stop 30 ~ --stop 50 정도 설정하면 연필 드로잉이나 개념 스케치 같은 효과를 구현할 수 있습니다.

--stop을 사용하면 빠르게 기본 형태를 확인하고 원하는 스타일인지 평가가 가능하며, 디자이너, 아티스트가 개념을 잡을 때 유용합니다. 미드저니는 시간이 지날수록 AI 특유의 디테일과 질감이 강해지므로, --stop을 조절하면 AI의 과도한 스타일링 없이 자연스러운 결과를 얻을 수도 있습니다.

01 프롬프트 창을 클릭한 후 'i'를 입력하고 메뉴에서 [/imagine]을 선택합니다.

02 프롬프트 창에 'A smiling girl – –stop 30'을 입력하고 Enter를 누릅니다.

03 이미지 생성이 완료되어 결과물 4개가 나타납니다.

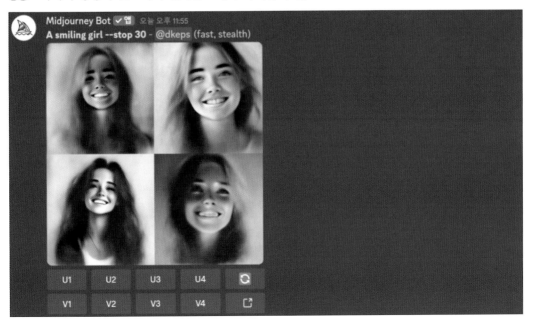

04 이번에는 프롬프트 창에 'A smiling girl − −stop 90'을 입력하고 Enter 를 누릅니다.

05 이미지 생성이 완료되어 결과물 4개가 나타납니다.

A smiling girl

--stop 30

--stop 60

--stop 90

Index _찾아보기